추적! 음악선교는 가능한가?

예영현대문화신서 14

음악선교는 가능한가?

A Theological Reflection for Music in Mission

김철웅 지음

예영커뮤니케이션

모든 인간은 하나님의 형상을 닮은 존엄한 존재입니다. 전 세계의 모든 사람들은 인종, 민족, 피부색, 문화, 언어에 관계없이 존귀합니다. 예영커뮤니케이션은 이러한 정신에 근거해 모든 인간이 존귀한 삶을 사는 데 필요한 지식과 문화를 예수 그리스도의 사랑으로 보급함으로써 우리가 속한 사회에 기여하고자 합니다.

예영현대문화신서 14
추적! 음악선교는 가능한가?

초판 1쇄 찍은 날 · 2012년 4월 15일 | **초판 1쇄 펴낸 날** · 2012년 4월 20일
지은이 · 김철웅 | **펴낸이** · 김승태
등록번호 · 제2-1349호(1992. 3. 31) | **펴낸 곳** · 예영커뮤니케이션
주소 · (136-825) 서울시 성북구 성북1동 179-56 | **홈페이지** www.jeyoung.com
출판사업부 · T. (02)766-8931 F. (02)766-8934 e-mail: edit1@jeyoung.com
출판유통사업부 · T. (02)766-7912 F. (02)766-8934 e-mail: sales@jeyoung.com

copyright ⓒ 2012, 김철웅
ISBN 978-89-8350-791-4(04230)
    978-89-8350-790-7(세트)

값 9,000원

* 잘못 만들어진 책은 교환해 드립니다.
* 본 저작물은 저작권법에 의하여 한국 내에서 보호를 받는 저작물이므로 무단 전재와 무단 복제를 금합니다.

자랑스러운 나의 아버지 김광영 목사님

사랑하는 나의 어머니 최영옥 사모님

두 분께 이 책을 바칩니다.

 주제 말씀

"여호와께 감사하고 그의 이름을 불러 아뢰며
그가 하는 일을 만민 중에 알게 할지어다
그에게 노래하며 그를 찬양하며
그의 모든 기이한 일들을 말할지어다"(시 105:1-2)

이 세상의 모든 찬양사역자와 음악선교사들이여!

"설교하며 찬양하고, 찬양으로 설교하라!"
"설교하듯 찬양하며, 찬양하듯 설교하라!"

추천사 1

김철웅 목사님의 『추적! 음악선교는 가능한가?』의 발행을 진심으로 축하드립니다. 이 책을 통하여 한국교회의 음악에 대한 새로운 지평이 열리고 방향 설정에 도움이 되기를 소원합니다.

예배와 목회에서 음악이 차지하는 비중은 막중하나 개신교 예배에서는 음악이 그 역할을 다하지 못하고 있는 것이 현실입니다. 음악은 신앙고백입니다. 음악에는 수직적 요소와 수평적 요소가 함께 있습니다. 수직적 요소는 하나님을 찬양하는 기능을 하며, 수평적 요소는 복음을 전하고 교인들을 위로하며 격려하는 기능을 합니다. 이러한 음악의 기능으로 음악은 선교의 도구가 되었습니다. 복음이 전해지는 곳에는 언제나 음악이 새롭게 만들어지고 음악선교가 함께 이루어졌습니다. 웨슬리 형제, 무디와 생키 같은 부흥사와 음악가의 연합 역사를 보아도 이는 분명합니다.

김철웅 목사님의 책 『추적! 음악선교는 가능한가?』를 통하여 음악선교로서의 새로운 가능성을 한국교회가 깨닫고 실천하게 되기를 간절히 소망합니다.

서울장신대학교
문성모 총장

추천사 2

김철웅 박사가 쓴 『추적! 음악선교는 가능한가?』의 주제인 "음악선교"는 김철웅 박사의 오랜 신학 여정의 주된 관심분야로 깊은 이론적 작업과 현장의 실제적 경험을 엮어서 만든 값진 열매 중 하나이다. 이 책은 선교적 마인드를 가진 예배찬양사역자와 기독교문화사역자들에게 성서적이고 역사적 관점으로 음악선교를 바라볼 이론적이며 신학적인 근거들을 마련해 준다.

김철웅 박사는 이미 앞서 출간된 두 권의 책 『추적! 마틴 루터도 CCM 사역자였는가?』, 『추적! 찬양도 설교인가?』의 〈추적 시리즈〉를 통해 현장성 있는 서술로 독자들에게 공감을 주었기에 이 책 또한 독자들의 사려 깊은 반응이 기대된다.

바쁜 목회활동 중에도 신학교 강의와 문헌저술에 혼신의 힘을 다하는 김철웅 박사의 학문적 열정에 박수를 보내며, 이 책이 21세기 음악선교의 새로운 길을 제시하는 중요한 이정표가 될 수 있으리라 확신하며 독자들에게 이 책을 추천하며 일독(一讀)을 권한다.

서울장신대학교 신학대학원장/예배찬양사역대학원장
김세광 교수

추천사 3

저는 몇 년 전 어느 날, 우연히 저희 학교 도서관에서 『추적! 마틴 루터도 CCM 사역자였는가?』라는 책을 발견하고는 대학원 과목의 교재로 사용한 적이 있습니다. 이것을 어떻게 아셨는지, 그 책의 저자이신 김철웅 목사님이 저에게 이메일로 감사의 인사를 보내 주셨고, 그 후로 서로 종종 연락하는 사이가 되었습니다. 그리고 김철웅 목사님이 "음악선교학"으로 박사학위를 받으셨다는 사실과, 한국에서 사역하시게 되었다는 사실을 알고는 매우 기뻤습니다. 저희 학교만 해도 음악선교에 관심 있는 학생들이 상당히 많은데, 이 분야에 대해 강의해 주실 전문가를 찾기 어려웠기 때문입니다. 2011년 지난 학기에 제가 가르치는 과목에서 음악선교에 대한 특강 시간을 마련하여 김철웅 목사님을 강사로 모셨었는데, 그때 강의해 주신 내용이 이렇게 책자로 출판되어 기쁩니다.

이 책은 아마도 한글로 쓰인 최초의 음악선교학 단행본일 것입니다. 음악선교에 대한 관심이 크고 음악선교활동이 실제로 활발히 이루어지고 있음에도 불구하고, 음악선교 개론서 하나 없는 한국교회의 상황에 대해 안타까움을 느끼고 이 귀중한 책을 쓰신 김철웅 목사님께 감사를 드립니다. 이 책을 시작으로 앞으로 더욱 많은 음악선교와 관련된 책이 나오기를 기대하고 기도합니다.

    이 기념비적인 책은 음악선교학의 필독서로서 오랫동안 자리매김할 것입니다. 성경과 신학과 역사를 바탕으로 풍부한 각주와 함께 음악선교의 기본적인 내용이 잘 정리되어 있어서 학문적으로 훌륭합니다. 그러면서도 이해하기 쉽고 명쾌하며 흥미롭게 설명되어 있습니다. 음악선교를 꿈꾸거나 음악선교에 관심 있는 분들이라면, 이 책을 꼭 읽어 볼 것을 적극 추천합니다.

장로회신학대학교 교회음악학
이상일 교수

목차

추천사 1 _ 문성모 총장(서울장신대학교)
추천사 2 _ 김세광 교수(서울장신대학교 예배학)
추천사 3 _ 이상일 교수(장로회신학대학교 교회음악학)

들어가는 말 • 15

1장 선교에 왜 음악이 필요한가? (why)
1. 하나님께서 사용하셨기 때문이다 • 29
2. 다양한 선교적 기능 때문이다 • 34
3. 선교도구 중 하나이기 때문이다 • 45
4. 선교적 언어이기 때문이다 • 57
5. 경험과 표현의 통로이기 때문이다(2E) • 65
6. 요약정리 • 70

2장 음악선교란 무엇인가? (what)
1. 선교! 미시오 데이(Missio Dei)로 충분한가? • 74
2. 뮤지카 미시오 데이(Musica-Missio Dei) • 79
3. "Five M" 정의 • 82

3장 음악선교를 어떻게 하는가? (how)
1. 음악선교의 적합화(appropriateness) • 87
   1) 적합화란 무엇인가? • 87
   2) 적합화가 왜 중요한가? • 96
   3) 적합화를 어떻게 할까? • 103

2. 적합화의 성서적 가르침 – 사도 바울 • 106

   1) 바울도 음악을 아는가? • 109
   2) 바울이 말한 선교음악의 특징은 무엇인가? • 111
   3) 선교음악을 위한 성서적 가르침은 무엇인가? • 125

3. 적합화의 역사적 실천 – 마틴 루터 • 127

   1) 마틴 루터도 선교를 아는가? • 129
   2) 마틴 루터는 음악선교사였는가? • 132
   3) 마틴 루터는 어떻게 음악선교를 했는가? • 139

4장 누가 음악선교사인가? (who)

1. 소명과 사명 • 161
2. 소명: 나는 광야의 음악이다 (요 1:23) • 162
3. 사명: 노래, 찬양, 말 (시 105:1-2) • 166

맺는말 • 169

참고문헌 • 175

약어표(Abbreviations)

CTS-Diss:

Kim, Chulwoong. *"The Impact of Contemporary Christian Music for Young Christians In Korea On Their Five Experiential Domains of Meaning."* Ph. D. diss., Concordia Theological Seminary, 2007.

LW:

Luther's Works: American Edition. 55 Volumes. St. Louis: Concordia and Philadelphia: Fortress, 1955-1986.

들어가는 말

영화 "The Mission" - 음악선교 "Music in Mission"

"미션"(The Mission: 1986)이라는 영화가 있다. 영화의 첫 장면은 이렇다. 매우 사납고 배타적인 과라니족(Guarani)의 원주민들이 거대한 폭포의 상류에서 한 명의 가톨릭 사제를 십자가에 매단 채 폭포 쪽으로 떠내려 보낸다. 잠시 후 십자가와 함께 묶여 있던 가톨릭 사제는 거대한 폭포의 물줄기 속으로 떨어져 사라진다. 선교활동 중에 순교한 것이라 여겨진다. 그 이후 또 다른 가톨릭 사제 가브리엘(Gabriel) 신부가 과라니족 원주민을 선교하기 위해 그들을 다시 찾아간다. 가브리엘 신부는 험준한 계곡과 절벽을 지나 혼자서 원주민 지역으로 들어간다. 아무도 없는 한적하고 조용한 장소, 그곳에서 가브리엘 신부는 자신의 가방에서 오보에(Oboe) 악기를 꺼내 들고 연주를 시작한다. 오보에 소리가 그 지역 전체에 울려 퍼진다. 소리를 듣고 찾아온 원주민들은 모두 전투태세를 갖춘 상태였다. 그런데 무슨 일인지 그들은 그냥 가만히 앉아서 한참 동안 가브리엘 사제의 오보에 연주를 듣는다. 그러다가 갑자기 그들 중 우두머리로 보이는 한 원주민이 알아듣지 못할 토착어로 말하면서 오보에를 빼앗아 부러뜨리고 돌아간다. 그러나 곧바로 다른 원주민 한 명이 부러진 오보에를 가브리엘 선교사에게 건네면서 다정한 마음으로 가브리엘 신부를 자기들 마을로 데려간다. 그리고 그곳에서의 선교가 시작된다. 이것이 영화 "미션"의 첫 장면이다.[1]

여기서 한 가지 질문이 생긴다. 그들은 왜 가브리엘 사제를 자기들 마을로 데리고 갔을까? 그것도 마치 반가운 친구를 데리고 가듯이 매우 우호적으로 데리고 갔을까? 그들은 이미 같은 가톨릭 사제를 십자가에 달아 폭포수에 던져 죽게 한 무서운 원주민들이었다. 그런데 그들은 왜 가브리엘 사제를 죽이지 않고 살려두며 오히려 친근하게 자신의 마을로 데리고 갔을까? 해답은 간단하다. 가브리엘 사제는 이전에 찾아왔던 사제에게 없었던 아주 독특한 선교도구를 가지고 있었기 때문이다. 그것은 바로 음악이었다. 비록 오보에라는 작은 악기를 통해 나오는 음악이었으나, 그 음악이 원주민들의 사나운 마음을 녹였던 것이다. 물론 그 원주민 중에 한 명이 그 선교도구(오보에)를 부러뜨렸다. 그러나 끊어진 그 선교도구는 같은 원주민에 의하여 다시 이어졌다. 이처럼 언어, 문화, 생활습관, 삶의 태도가 완전히 다른 두 사람, 가브리엘 선교사와 원주민을 하나로 엮어 준 것! 그것은 바로 음악이었다. 그리고 그 음악의 선율을 타고 예수 그리스도의 복음이 그 원주민들의 영혼 속에 깃들여진 것이다. 이것이 무엇인가? 이것이 바로 "음악선교"(Music in Mission)이다.

추적! 음악선교는 가능한가?

필자는 "신학"이라는 넓고 울창한 학문의 숲 속을 산책했다. 그리고 그 숲

---

[1] 실제 영화 장면은 www.youtube.com을 통해 볼 수 있다. 검색 창에서 "The Mission - Gabriel's Oboe"를 검색하면 된다. 이때 가브리엘 사제가 연주한 곡은 넬라 판타지아(Nella Fantasia)라는 제목으로 많이 연주되며 불리고 있다.

속에서 "선교학"이라는 작은 나무를 발견했다. 그 뒤부터 필자는 그 나무로부터 "음악선교"라는 열매를 얻고 싶었다. 이러한 필자의 소망은 결국 하나님의 은혜 가운데 미국 루터교단(Lutheran Church Missouri Synod: LCMS)의 컨콜디아 신학교(Concordia Theological Seminary: IN)에서 음악선교학을 전공하면서 어느 정도 성취되었다.[2] 그리고 필자는 졸업 후 그 과정에서 얻게 된 열매의 일부분을 여러 가지 형태(소논문, 에세이, 책)로 세상에 내놓기 시작했다. 지금 독자(讀者)의 손에 들려 있는 『추적! 음악선교는 가능한가?』라는 책 또한 이러한 열매 중 하나이다.

일단, 『추적! 음악선교는 가능한가?』라는 책의 선험적 이해(a preliminary understanding)를 위해 필자가 이전에 출판한 서적 두 권을 먼저 소개하려 한다.

『추적! 마틴 루터도 CCM 사역자였는가?』[3]

이 책은 필자가 미국에서 작성한 철학박사 영어 학위논문의 일부를 한글로 번역한 뒤, 그 외의 다른 관련 자료들을 첨가하여 만들어 낸 필자의 추적보고서이다.[4] 필자는 이 책을 통하여 종교개혁자 마틴 루터(Martin Luther)와 Contemporary Christian Music(CCM)을 함께 추적하여 16세기 마틴 루터의 음악관점에서 21세기의 CCM을 재조명했으며, 결론적으로, 과거 16세기의 마틴 루터의 사역이 오늘날 21세기 CCM 사역의 역사적이며 신학적인 기준 사례

---

2) 컨콜디아 신학교는 미국 루터파 보수교단인 미조리 시누드(LCMS)에 속한 신학교이며, 필자가 그곳에서 공부한 기간은 2002년 11월부터 2007년 8월까지였고, 필자가 받은 정식학위명은 "Ph. D in Missiology"이다. 컨콜디아 신학교는 학생들에게 철저히 마틴 루터(Martin Luther) 중심의 보수신학과 정통신앙을 교육시키는 학교이며, 한국의 루터교단도 바로 1958년 1월 13일 한국을 찾아온 이 교단 출신 선교사들(L. B. Bartling, M. W. Dorrow, K. E. Voss)에 의하여 시작되었다. 한국 출신의 본 교단 인물로는 지원용 교수가 있다. 참고하라. Won Yong Ji, *A History of Lutheranism in Korea* (St. Louis: Concordia Seminary, 1988), pp. 66-100.
3) 김철웅, 『추적! 마틴 루터도 CCM 사역자였는가?』, 서울: 예영커뮤니케이션, 2009.
4) 필자의 학위논문 제목은 Kim, Chulwoong. *"The Impact of Contemporary Christian Music for Young Christians In Korea On Their Five Experiential Domains of Meaning."* Ph. D. diss., Concordia Theological Seminary, 2007. 이후부터 이 학위논문과 관련된 내용은 각주에 CTS-Diss로 축약하여 표기한다.

가 됨을 주장했다.[5]

『추적! 찬양도 설교인가?』[6]

이 책은, 오늘날 21세기 기독교 예배현장과 밀접하게 관련 있는 "찬양"(Praising)과 "설교"(Preaching)의 상호연결가능성을 추구한 필자의 두 번째 추적 보고서이다. 필자는 이 책을 통해 "서로 달라 보이는 찬양과 설교라는 이 두 명제를 어떻게 함께 연결시켜 실제적인 예배사역에 적용할 수 있을까?"라는 현실적용의 문제를 깊이 다루었다. 그래서 필자는 이 책을 통해 감히 찬양도 설교일 수 있으며, 더 나아가 설교 또한 찬양의 요소를 담고 있음을 주장했다. 결국 이 책은 "설교하며 찬양하고, 찬양으로 설교한다.", "설교하듯 찬양하며, 찬양하듯 설교한다."라는 필자의 두 가지 목회현장의 사역철학을 신학적으로 정립한 책이 되었다.[7]

그러나 안타깝게도 위에서 소개한 이 두 권의 책은 필자에게 약간의 아쉬움을 남겼다. 왜냐하면 두 권 모두 필자의 주전공(a main major field)인 "음악선교"를 직접적으로 다룬 책이 아니었기 때문이다. 물론 두 권 모두 음악선교와 적지 않게 관련은 있다. 그러나 음악선교만을 단독적으로 다룬 책은 아니었기에, 이러한 필자의 아쉬움은 결국 필자의 주전공인 음악선교에 초점을 맞춘 또 다른 책을 더 집필해야겠다는 "생산적 욕심(?)"을 갖도록 하였다. 그러

---

5) 『추적! 마틴 루터도 CCM 사역자였는가?』를 참조하여 루터와 칼빈을 중심으로 종교개혁적 시각에서 CCM을 재분석한 박사학위 논문이 있다. 필요한 사람은 다음을 참고하라. 정지현, 「종교 개혁적 시각으로 본 한국교회 CCM에 관한 연구」 (미간행 박사학위논문, 백석대학교 기독교전문대학원, 2010), pp. 5-6, 48-139.
6) 김철웅, 『추적! 찬양도 설교인가?』, 경기도: 프리칭 아카데미, 2011.
7) 필자는 이러한 사역철학을 직접 영락교회(서울)의 "젊은이 예배"에 적용하였는데, 현장자료는 유튜브(www.youtube.com)에서 "김철웅 목사의 찬양설교"를 검색하면 시청할 수 있고, 영락교회 홈페이지(Homepage)를 통해서도 확인할 수 있다. 영락교회의 "젊은이 예배"는 1997년 말 제 5대 담임목사로 부임한 이철신 목사의 지도 아래 1999년 4월 첫 주일(부활주일)에 시작된 새로운 형태의 주일예배로서 다양한 문화와 복음을 접목하기 위한 21세기형 예배이다. 젊은이 예배에 대한 자세한 실제적 내용에 대해서는 아래를 참고하라. 곽숭기, 「전통적인 장로교회 안에서의 예배 갱신에 관한 연구: 서울 영락교회 젊은이 예배를 중심으로」, 미간행 목회학박사 학위논문, Fuller Theological Seminary, 2006.

던 중 지난 2011년 이상일 교수(장로회신학대학교 교회음악학)의 배려로 장로회신학대학교 교회음악 학부와 대학원 과정에서 몇 차례 1일 초빙강사로 강의하였는데, 결국 그때 준비한 강의목차가 본서의 목차초안이 되었고, 그때 진행한 강의내용이 본서의 기초 뼈대가 되었다.[8]

물론 본서 『추적! 음악선교는 가능한가?』는 불가피하게 먼저 출판된 두 권의 책 가운데 몇 부분이 필요에 따라 재인용되기도 한다.[9] 그러나 본서는 분명히 먼저 출판된 두 책과는 총 3가지 면에서 그 성격이 전혀 다른 완전히 독립된 책이다. 왜냐하면 첫째, 본서는 이전 두 권의 책에서 완전히 누락되었던 "음악선교"에 대한 부분을 새롭게 다루었기 때문이고 둘째, 본서는 이전 두 권의 책이 출판된 뒤 필자가 새롭게 발견한 또 다른 자료들을 총동원하여 확대 증보한 것이기 때문이며 셋째, 본서는 이전에 출판된 두 권의 내용 중 재인용된 부분을 "음악선교"라는 새로운 관점에서 재배열(re-arrangement), 재해석(re-interpretation), 재분석(re-analysis), 재적용(re-application), 재창조(re-creation)한 것이기 때문이다. 따라서 본서는 이 전의 두 권과 구분되는 필자의 새로운 추적 보고서이다.

"Two M": 선교와 음악

"선교와 음악"(Mission and Music) 그리고 "음악과 선교"(Music and Mission). "앞 글자가 똑같이 영어 M자로 시작하는 이 둘은 어떤 관계가 있을까?", "서로 달라 보이는 이 둘은 서로 연결될 수 있을까?", "특별히 새로운 선교 패러

---

8) 필자가 참여했던 강의 제목과 날짜는 다음과 같다. "CCM과 예배- 5월 24일(화)", "CCM의 역사 및 논쟁- 5월 25일(수)", "교회음악행정- 8월 26일(금)", "교회음악의 실제-8월 31일(수)"
9) 필요상 불가피하게 재인용되는 부분에 대해서는 각주 형태를 빌려 정확한 출처를 밝힐 예정이다. 본서에 기록된 것보다 더욱더 자세하고 풍부한 내용과 자료를 원하는 독자들에게 큰 도움이 되리라 생각한다.

다임(paradigm)을 필요로 하는 21세기의 상황 속에서 이 둘의 관계는 어떻게 이해되고 적용되어야 할까?", "음악선교는 가능한 것인가?"

이 책은 위의 질문에 명확한 답을 제시하기 위해 쓰였다. 따라서 본서의 집필목적은 분명하다. 첫째, 이 책의 제목인 『추적! 음악선교는 가능한가?』라는 질문에 "그것은 충분히 가능하다!"는 매우 긍정적인 해답을 내리고 둘째, 음악선교의 필요성과 기본신학 및 방법론, 역사적 사례를 소개하며 셋째, 21세기의 선교는 음악선교가 필요한 시기이며 동시에 음악선교를 통해 하나님의 구원사역이 확대되는 세기임을 주장하는 데 있다. 이 목적을 이루기 위해 본서는 크게 총 4단계(why, what, how, who)의 추적과정을 거친다.

1단계: 선교에 왜 음악이 필요한가? (Why)

이 부분에서는 이 시대에 음악선교를 해야 하는 이유와 필요성에 대해서 말할 것이다. 독자들에게 음악선교의 중요성과 음악선교에 대한 학문적·신학적 정립의 필요성이 절실한 때가 되었음을 강조할 것이다.

2단계: 음악선교란 무엇인가? (What)

이 부분에서는 삼위일체 하나님의 선교(미시오 데이: Missio Dei)가 음악선교(뮤지카 미시오: Musica-Missio)까지 포함한 "통합적 문화선교"였음을 입증할 것이며, 그것을 "하나님의 음악선교: 뮤지카 미시오 데이"(Musica-Missio Dei)라 정의하고, 그 정의에 입각하여 음악선교의 학문적 정의를 "Five M 정의"로 소개할 것이다.

3단계: 음악선교를 어떻게 하는가? (How)

이 부분에서는 음악선교의 실제적인 적용과 실천방법을 소개하는데, 특별히 "적합화"(appropriateness)라는 새로운 선교적 관점에 비추어 볼 것이며, 그 관점 속에서 음악선교를 위한 성서적 가르침(사도 바울)과 역사적 실천(마틴 루터)을 재분석할 것이다.

4단계: 누가 음악선교사인가? (who)

이 부분에서는 음악선교사가 가져야 할 소명과 사명을 하나님의 말씀에 비추어 다룰 것이다. 그래서 단순한 "음악선교학자"가 아닌 "음악선교사"로서 사역하며 열매 맺을 수 있도록 도전을 주며 격려할 예정이다.

"불편한 진실"- 음악선교의 이론과 실제

장로회신학대학교의 이상일 교수(교회음악과)는 미국의 한인이민교회(Korean Immigrant Churches)를 대상으로 교회의 담임목사들과 전임 음악사역자들 사이의 상호관계와 협력이해 차이를 조사했다.[10] 이 과정에서 그는, 많은 담임목사들이 교회 안의 음악사역자를 장기간의 "동역자"(a partner)가 아닌 단기간의 "협조자"(a helper)로만 생각하고 있음을 발견하고, 이것은 음악사역과 음악사역자에 대한 담임목사의 이해 부족(lack of understanding)에서 온 큰 문제점이라 진단했다.[11] 그리고 그는 계속해서 이런 문제를 해결하기 위해 각 신학교 안에 해외 한인들을 위한 또 다른 선교지라 할 수 있는 미국 이민교회에 알맞은 새로운 음악교육과정(the curriculum)을 하루 속히 빨리 개설해야 한다고 제안했다.

---

10) Lee, Sang Il. "*A Study of Full Time Ministers of Music and Their Senior Pastors in Korean Immigrant Churches in the United States.*" Ph. D. diss., Southwestern Baptist Theological Seminary, 2008.
11) Ibid., pp. 139-140.

예를 들어, 미국 사우스웨스턴 침례신학교(Southwestern Baptist Theological Seminary: 아마도 세계에서 가장 큰 신학교일 듯)에서조차도 2008년 봄 학기의 경우, 교역학석사(the Master of Divinity program) 과정의 학생들에게 교회음악이나 예배와 관련된 과목을 필수과목으로 개설하지 않을 정도이다. 신학교는 반드시 의무적으로 모든 학생들이 한두 개 이상의 교회음악과 찬양에 관련된 수업을 듣게 해야 한다. 그렇게 함으로써 학생들로 하여금 음악목회의 중요성을 알게 하고, 전임 음악목회 사역자의 필요성을 깨닫게 해야 한다.[12]

물론 이러한 "불편한 진실"은 목회현장뿐만 아니라, 음악선교의 현장에서도 그대로 적용된다. 미국 사우스웨스턴 침례신학교(Southwestern Baptist Theological Seminary)의 헌트(T. W. Hunt) 교수는 음악선교에 지극한 관심이 있는 학자이다. 그는 1966년에 세계 여러 곳에 흩어져 있는 많은 선교사들을 대상으로 현지 선교상황에 대한 설문조사를 실시했는데 한 가지 놀라운 사실은, 거의 57% 이상의 현지 선교사들이 음악선교에 대한 열정적 관심과 그 필요성을 강하게 언급했다는 점이다.[13] 이것은 현지 선교활동에 있어 음악선교가 얼마나 중요하고 필요한 것인지 보여 주는 조사사례이다. 이러한 상황에서 필요한 것은 당연히 선교활동과 선교신학의 조화와 일치이다. 이것을 선교학자 데이비드 보쉬(David J. Bosch)는 다음과 같이 주장한다.

선교신학과 선교활동 사이의 거리를 좁히려는 계속적인 노력이 필요하다. 선교신학의 형성이 원칙주의에 빠져 그 이론을 실제상황에 적용하기 어려운 이유와 실제 선교활동이 선교이론을 따르지 않게 되는 이유는 모두 선교신학과 선교활동

---

12) Ibid., pp. 141-142.
13) T. W. Hunt, *Music in Missions: Discipling Through Music* (Eugene, Oregon: Wipf and Stock Publishers, 1987), p. 7.

의 상호관계교류가 잘 이루어지지 않기 때문이다. 이것은 매우 위험한 일이며, 단순히 생각만으로 끝날 일이 아니다. 선교신학과 선교활동 둘 사이의 관계에 대해 일반적인 지침을 제시해야 할 필요성이 있다.[14]

선교신학의 책임은 선교의 실제(praxis)와 상호작용하는 데 있다. 선교란 선교학자들, 선교사들 그리고 그들을 도와 그들과 함께 일하는 사역자들이 서로 잘 협약할 수 있도록 돕는 "상호 주체적 실재"(intersubjective reality)이다.[15]

그러나 안타까운 것은 오늘날 "음악선교활동"(mission activities)은 있으나 "음악선교신학"(mission theology)은 없다는 점이다. 선교활동이 다양해지면서 선교를 위한 음악활동도 활발해진 것이 사실이다. 그래서 선교활동이 진행되는 곳에는 어디든지 음악이 사용된다. 그러나 현재 상황은 어딘지 모르게 엇나가는 듯하다. 왜냐하면 지금 우리에게는 음악선교와 관련된 학문적 서적이나 간략한 개론서마저 없는 실정이기 때문이다. 실제적으로 인터넷(Internet) 검색창에 "음악선교"라는 단어를 넣고 검색해 보면 음악선교활동을 하고 있는 선교단체들의 이름은 많이 나온다. 그러나 의외로 "음악선교"라는 제목으로 쓰인 연구서적은 거의 없다. 좀 더 솔직히 말하면, 아예 없는 듯하다. 물론 이러한 "불편한 진실"은 필자 혼자만 느끼는 것은 아니다. 필자와 동일한 느낌을 가진 다른 사람들의 말을 들어보자.

선교를 위한 노력에는 여러 가지가 있을 수 있다. … 선교를 위한 여러 가지 유용한 무기들(evangelistic weapons)도 있다. … 그중에 음악 또한 절대로 무시될 수 없

---

14) David J. Bosch, *Witness to the World: the Christian Mission in Theological Perspective* (Atlanta, Georgia, John Knox Press, 1980), p. 22.
15) David J. Bosch, *Transforming Mission: Paradigm Shifts in Theological of Mission* (Maryknoll, New York: Orbis Books, 1993), p. 497.

는 복음전파의 무기이다. 그러나 안타깝게도 몇 사람만이 선교에 있어 음악이 가지고 있는 잠재적 능력을 인정하고 연구할 뿐이다. 선교분야에서의 음악은 연구되지 않는다. 이것은 마치 군인(a soldier)이 훌륭한 총기(a machine-gun)를 가지고 있음에도 불구하고 적군을 맞이하여 그보다 못한 무기를 사용하고 있는 것과 같다.[16]

음악은 성경 속에서 인정받고 세기를 지나 교회에 의하여 실천된 매우 강력한 복음전달 수단이다. ⋯ 그러나 음악이 효과적인 의사소통의 도구라는 것을 인정하면서도 ⋯ 오로지 몇 안 되는 사람만이 선교에 있어 불신자를 구원하고 양육하는 음악의 숨겨진 힘과 가능성을 깨닫고 있을 뿐이다. ⋯ 음악이 교회의 목적만큼이나 의미심장한 것임에도 불구하고 안타깝게도 선교활동을 논하면서 실제로 선교음악의 역할을 연구하거나 강조하는 사람은 거의 없다.[17]

오늘날의 음악은 우리 기독교인들을 세대별로, 경제별로, 교단별로, 회중별로 서로 완전히 갈라놓고 있다. 그러나 이것에 깊은 관심을 가지고 있는 기독교인은 거의 없다. 우리의 관심은 오히려, 낙태나, 동성연애나, 그 외의 다른 신학적 문제들에 더 쏠려 있다. ⋯ 심지어 대부분의 주류의 복음주의자들조차도 이 부분에 시간과 노력을 쏟을 생각을 하지 않고 있다.[18]

오늘날 나름대로의 정체성을 가지고 새로운 기독교 음악을 만들어 내는 이 모든 현상은 매우 신중히 연구될 필요가 있다. 나는 이것이 오늘날 20세기 후반 미국 기독교 현실에 있어 매우 심각한 국면 중 하나라 생각한다. 그러나 불행히도 이것에 대

---

16) Phil Kerr, *Music in Evangelism* (Glendale, California: Gospel Music Publishers, 1939), p. 89.
17) Stanley Moore, "Strategies for Music in Missions," in *Missiology*, ed. Terry Mark John, Smith Ebbie & Anderson Justice (Nashville, Tennessee: Broadman & Holman Publishers, 1998), p. 571.
18) Mark, Hijleh, *The Music of Jesus: From Composition to Koinonia* (New York: Writers Club Press, 2001), p. 4.

한 연구는 거의 없다. … 교수로서의 나의 전문의식이 자극되는 순간이었다.[19]

미국 신학교의 음악교육에 대한 뿌리는 19세기 후반에서 시작된다. … 1889년부터 1928년까지 11개 정도의 신학교에서 음악교육 프로그램을 개발해 내었다. 그리고 이러한 신학교들은 신학생의 음악교육에 있어 위대한 성과를 보였다. 하지만 이러한 교육방침은 계속 되지 못했다. … 신학교들은 신학교의 찬양과 성가를 위하여 전문 교회 음악인들을 고용하지만, 실제로 교육에 있어서는 신학생들을 훈련시키기 위한 교회음악분야의 과목은 개설하지 않는 경향이 있다.[20]

음악과 관련된 이러한 문제는 특별히 미국에 공부하러 온 한국 신학생들에게 매우 중요한 부분이다. 왜냐하면 현재 한국교회는 더 이상 이전의 전통적인 형태의 악기와 음악을 환영하고 있지 않은 상태이기 때문이다.[21]

실제 상황이 이렇다보니 설상가상(雪上加霜)으로 신학교에서조차 "음악선교"라는 제목의 독립된 수업과목을 찾아볼 수 없을 뿐만 아니라, 음악선교와 관련된 전문학위과정이나 관련학과 자체가 개설되지 않는다. 바로 이것이 문제다. 따라서 지금은 이러한 실제와 이론 사이의 허전한 빈 공간을 하루라도 빨리 좁혀 나가야 할 때이다. 그래서 필자는 『추적! 음악선교는 가능한가?』라는 책을 쓰게 되었다.

이러한 필자의 마음은 물 한 방울 없는 사막에서 목말라 헐떡이고 있는 사람에게 물 한 모금이라도 급히 전해 주고 싶은 "갈자수수"(渴者授水) 정성이

---

19) Mark Allan. Powell, *Encyclopedia of Contemporary Christian Music* (Peabody, Massachusetts: Hendrickson Publishers, Inc, 2002), p. 7.
20) Anne Bagnall Yardley, "Teaching Music in the Seminary," *Teaching Tehology & Religion*, Vol. 6, No. 3, (July, 2003): p. 170.
21) Ibid., p. 174.

었다. 물론, 이 책이 완벽하다고 말할 수는 없다. 그러나 목마른 사람에게 다시금 기운을 차릴 수 있는 최소한의 물 한 컵 정도는 제공할 수 있다고 본다. 후일(後日), 하나님께서 필자에게 보다 좋은 집필상황을 허락해 주신다면, 독자들의 비평과 더불어 좀 더 증보된 자료와 세심한 분석결과를 가지고 개량된 개정증보판(改訂增補版)을 다시 출간할 것을 약속한다.

또한 필자는 이 책을 집필함에 있어 필자 개인의 주장을 입증하기 위해 많은 학자들과 연구가들의 주장을 각주(footnote) 형태로 충실히 인용해 놓았다. 영어원문인 경우 필자가 직접 번역했으며, 한국어인 경우 쓰인 그대로 옮겨 놓았다. 이 모든 것은 필자가 세심한 관심을 가지고 모아 둔 최상의 자료들이 총망라된 결정체이다. 당연히 그 모든 참고문헌과 각주 하나하나 속에는 추운 겨울 살을 에는 듯한 추위를 이겨낸 필자의 각고지력(刻苦之力)과 통합지력(統合之力)이 응고(凝固)되어 있음은 두말할 필요 없다. 부디 "음악선교"에 관심 있는 신학도와 선교사들에게 "정직하게" 사용될 귀한 자료가 되길 간절히 바란다. 혹시 이 책에 인용된 영문과 관련하여 번역상의 오류(誤謬)가 보인다면, 그것은 모두 필자의 부족함 때문이다.[22]

아무쪼록, 이 책이 오래 전에 계획하신 하나님의 뜻이 이 땅에 이루어짐에 있어 작은 밑거름으로 자리매김할 수 있기를 간절히 기도하며, 이를 위해 기도하며 힘쓰는 많은 음악사역자들과 문화사역자들, 더 나아가 국·내외의 모든 선교사들에게 친절한 선교사역의 동반자가 되어 각 선교사들의 책상 위에 놓여 있기를 간절히 기도한다. 그래서 이 책이 영화 "미션"에서 가브리엘 사제가 사용한 오보에 악기와 같은 선교적 역할을 감당하게 되기를 간절히 소망한다.

---

22) 이 책에 수록된 각주형태와 인용방법에 대한 원칙은 〈Turabian, Kate L. *A Manual for Writers of Term Papers, Theses, and Dissertation*. 5th ed. Revised and Expanded by Bonnie Birtwistle Honigsblum. Chicago, Ill: University of Chicago Press, 1987〉을 참고했다.

감사의 말

최근 기독교 출판시장의 판매유통이 어려운 상황 속에서도 본서의 출판 가치를 인정하고 선뜻 출판을 허락해 주신 예영커뮤니케이션의 김승태 장로님과 이 책이 나올 때까지 수고해 주신 출판사의 모든 직원분들께 깊은 감사를 드린다. 덕분에 지난 2년 동안 하나님의 때를 기다리며 깊은 동굴 속에서 겨울잠을 자고 있던 필자의 집필 자료들이 비로소 예영커뮤니케이션을 통해 세상의 밝은 태양 빛을 보게 되었다. 항상 기도로 후원해 주시는 아버님 김광영 목사님(장신대 신대원 71기)과 어머니 최영옥 사모님, 장인 성선복 목사님(장신대 신대원 71기)과 장모 서지희 사모님께 감사드리며, 귀한 추천서를 써 주신 문성모 총장님(서울장신대학교), 김세광 교수님(서울장신대학교 예배학), 이상일 교수님(장로회신학대학교 교회음악학)께도 감사드린다. 또한 한국에서의 새로운 목회환경과 기회를 허락해 주신 서울 영락교회 이철신 목사님께도 감사드리며, 필자가 미국에 있을 때 귀한 목회의 길을 열어 주셨던 이재훈 목사님(서울 온누리교회)에게도 감사의 말을 전한다. 아울러 필자가 신학생로서의 첫 걸음을 걸었던 곳이며, 20여 년이 지난 현재 후배들을 가르치는 첫 신학교가 된 모교(母校) 서울장신대학교와, 그때 함께 했던 89학번 신학과 동기 동역자들에게도 감사의 뜻을 전한다. 무엇보다도, 항상 내 옆에서 나를 위해 기도하며 변치 않는 사랑으로 섬겨 주는 아내 성주경(사모)에게 가장 깊은 감사의 말을 전한다. 아울러, 애인 같은 어린 딸 유나(Junia Kim)와 몇 달 뒤 세상에 나올 시간을 기다리며 아내의 배 속에서 지금도 열심히 움직이고 있는 둘째 딸(태명: 튼튼이)에게도 아빠의 기대와 사랑을 함께 전한다.

주후 2012년 1월 1일 (주일 밤)
서울 영락교회 목양관 사택에서
김철웅

1장 선교에 왜 음악이 필요한가? (why)

1. 하나님께서 사용하셨기 때문이다

우리가 믿는 하나님은 성(聖) 삼위일체 되신 거룩하신 하나님이다. 그 하나님께서는 우리와는 달리 전지전능하신 분이며, 우리 신앙고백의 절대적 대상이 되신다. 또한 영원한 참신으로 우리와는 구별된 전적타자(全的他者)로서 존재하신다. 그러나 우리 하나님께서는 우리에게 당신의 모습을 계시하시는 친근하고 가까이 계신 하나님이다. 즉, 우리 인간이 이해할 수 있는 범위 속에서 당신의 모습을 기꺼이 나타내시는 분이다. 그런데 하나님께서는 당신을 우리에게 계시하시며 또 뭔가 알려 주실 때에는 특별한 방법을 사용하신다. 종교개혁자 마틴 루터(Martin Luther)가 말했듯, 그 방법 중 하나가 바로 음악이다.[1]

성경의 첫머리는 "태초에 하나님이 천지를 창조하시니라"(창 1:1)는 선언으로 시작한다. 요한복음의 첫머리도 "태초에 말씀이 계시니라"(요 1:1)는 선언으로 시작한다. 그렇다면 음악선교의 첫머리, 첫 선언은 어떻게 할 수 있을까? 필

---
1) Eugene Brand, "Luther: The theologian of music," *Pastoral Music*, (1984, 5): p. 21.

자는 그것을 감히 "태초에 음악이 있었다!"라는 말로 표현하고 싶다. 왜냐하면 음악도 말씀과 같이 의미를 담고 있는 의사소통의 매개체이기 때문이다.[2] 하나님께서 태초에 천지를 창조하실 때 말씀으로 창조하셨다는 점을 생각해 보면, 그 태초의 말씀은 하나님의 거룩한 소리, 즉 성음(聖音: God's holy sound)이다. 이런 면에서 볼 때 그 말씀과 음악은 소리라는 점에서 공통점을 가진다.[3] 말씀도 뜻 있는 소리요, 음악도 뜻 있는 소리다.[4] 그렇다면 태초에 하나님께서 천지를 창조하시던 그 말씀은 바로 전 우주를 창조하시던 하나님의 음악소리가 아니었을까?[5]

필자가 읽은 책 중에 『하나님은 음악이시다』라는 독특한 제목의 책이 있다.[6] 이 책은 음악으로 표현되는 하나님의 소리를 실제로 모차르트의 음악 CD를 직접 들으면서 느낄 수 있도록 한 책이다. 그 책에서 저자는 하나님의 말씀을 음악적으로 비유하며 하나님께서 음악을 통해 말씀하신다는 점을 강조하였다.[7] 이러한 주장은 결국 성부, 성자, 성령, 성(聖) 삼위일체 하나님께서 가장 먼저 음악을 통해 말씀을 전하신 최초의 출발자이심을 확신케 한다. 결국 우리가 부르는 찬송가 또한 하나님의 작품임을 알 수 있다. 그래서 『찬송가』에 실린 각각의 찬송들이 어떻게 만들어졌는지 그 창작 유래를 연구한 찬송가 연구자 석 훈은 아래와 같이 고백한다.

---

2) S. Frith, "Why Do Songs Have Words?," in *Music for Pleasure: Essay in the Sociology of Pop*, ed., S. Frith (Cambridge: Polity, 1988), p. 120.
3) Evans E. Crawford, *The Hum: Call and Response in African American Preaching* (Nashville: Abingdon Press: 1995), p. 51
4) Brian Wren, *Praying Twice: The Music and Words of Congregational Song* (Louisville, London: Westminster John Knox Press, 2000), p. 55.
5) 서로 달라 보이는 "말씀"과 "음악"이 "소리"라고 하는 공통된 명제를 통해 서로 연결되며 합의될 수 있음을 입증하는 신학적 접근과 증거자료 대해서는 필자의 책 『추적! 찬양도 설교인가?』 (2011), pp. 54-58을 참고하라.
6) Ringenbach, Reginald. *Gott Ist Musik: Theologische Annaherung an Mozart*, 김문환 옮김, 『하나님은 음악이시다』, 서울: 예솔, 2006.
7) 위의 책, pp. 9-12, 95-114.

오랫동안 많은 성도님들로부터 사랑받은 찬송들은 작품자의 간증과 영적 전쟁을 통한 하나님의 임재를 확인시키고 있습니다. 각 찬송들의 내용을 알아 가면 갈수록 하나님께서 사람의 손을 빌어 찬송가를 직접 작사, 작곡하셨다는 것도 알게 되었습니다.[8]

여기서 주장하는 바는 결국, 찬송가에 실린 모든 찬송가의 원래 작곡자와 작사자는 하나님이라는 점이다. 이처럼 실제로 삼위일체 하나님께서는 아주 오래 전부터 자기 백성에게 음악을 통해 하나님의 말씀을 계시하시고 전하셨다. 물론 이것은 성경 속에 명백히 증거된 역사적 사실이다.[9] 먼저 구약성경의 사례를 보자.

> [19] 그러므로 이제 너희는 이 노래를 써서 이스라엘 자손들에게 가르쳐 그들의 입으로 부르게 하여 이 노래로 나를 위하여 이스라엘 자손들에게 증거가 되게 하라 [20] 내가 그들의 조상들에게 맹세한 바 젖과 꿀이 흐르는 땅으로 그들을 인도하여 들인 후에 그들이 먹어 배부르고 살찌면 돌이켜 다른 신들을 섬기며 나를 멸시하여 내 언약을 어기리니 [21] 그들이 수많은 재앙과 환난을 당할 때에 그들의 자손이 부르기를 잊지 아니한 이 노래가 그들 앞에 증인처럼 되리라 나는 내가 맹세한 땅으로 그들을 인도하여 들이기 전 오늘 나는 그들이 생각하는 바를 아노라 [22] 그러므로 모세가 그 날 이 노래를 써서 이스라엘 자손들에게 가르쳤더라 (신 31:19-22).

여기서 하나님께서는 직접 모세에게 노래를 가르치셨다. 그 노래는 음악

---

[8] 석 훈, 『알고 부르면 은혜로운 찬송가』 (서울: 예영커뮤니케이션, 2011), p. 7.
[9] 하나님께서 음악을 선교도구로 사용하신 성경적 사례에 대한 보다 구체적인 입증자료에 대해서는 필자의 책 『추적! 찬양도 설교인가?』 (2011), pp. 68-76을 참고하라.

이다. 하나님께서는 그 음악을 통하여 하나님의 뜻과 경고의 말씀을 전하셨다. 특별히 19절에 하나님께서 직접 말씀하시기를, "이 노래로 나를 위하여 이스라엘 자손들에게 증거가 되게 하라" 하셨다. 그래서 이 노래를 "증거의 노래"라 한다. 바로 뒤에 나오는 신명기 32장 전체는 이 증거의 노래 가사를 기록한 장이다.[10] 그렇다면 신약성경의 사례는 어떠한가?

> [8] 그 지역에 목자들이 밤에 밖에서 자기 양 떼를 지키더니 [9] 주의 사자가 곁에 서고 주의 영광이 그들을 두루 비추매 크게 무서워하는지라 [10] 천사가 이르되 무서워하지 말라 보라 내가 온 백성에게 미칠 큰 기쁨의 좋은 소식을 너희에게 전하노라 [11] 오늘 다윗의 동네에 너희를 위하여 구주가 나셨으니 곧 그리스도 주시니라 [12] 너희가 가서 강보에 싸여 구유에 뉘어 있는 아기를 보리니 이것이 너희에게 표적이니라 하더니 [13] 홀연히 수많은 천군이 그 천사들과 함께 하나님을 찬송하여 이르되 [14] 지극히 높은 곳에서는 하나님께 영광이요 땅에서는 하나님이 기뻐하신 사람들 중에 평화로다 하니라(눅 2:8-14).

여기 큰 기쁨의 소식(복음: Good News)이 있다. 그것은 바로 그렇게 기다리던 메시아 구세주가 이 땅에 오셨다는 소식이다. 그런데 그 복음을 목자들에게 전달하기 위해 천사들이 사용한 전달 매개체가 바로 천사들의 음악이었다(14절). 즉, 음악을 통해 천사들의 말씀선포 또는 복음선포가 이루어졌다. 결국, 하나님께서는 천사들의 음악을 통하여 구세주 탄생의 복음을 전 인류에게 전하셨던 것이다.

이처럼 우리는 신·구약 성경말씀 속에서 하나님이 직접 음악을 통하여 자신의 뜻과 말씀을 전하셨음을 확인할 수 있다. 이것은 하나님께서 직접 음

---

10) 최 혁, 『나의 찬송을 부르라』 (서울: 규장, 1994), pp. 128-129.

악을 선교도구로 사용하셨고, 실제로 음악을 통하여 선교하셨다는 것을 의미한다.[11] 이 과정에 있어 첫째, 성부 하나님께서는 음악과 찬양의 원리를 보여주셨고(principle: 신 31:19,22), 그 찬양을 받으시는 절대적 대상이 되셨다(object: 사 43:21). 왜냐하면 성부 하나님께서는 찬양하는 분이 아니라 오로지 찬양받으실 분이기 때문이다. 둘째, 성자 예수님께서는 직접 찬양하셨다.[12] 그러므로 성자 예수님은 성부 하나님의 뜻에 따라 이 세상에 오셔서 직접 찬양하심으로 우리에게 찬양의 모범이 되셨다(practice: 마 26:30, 막 14:26).[13] 셋째, 성령 하나님께서는 우리의 모든 찬양이 삼위일체 하나님께 영광이 되도록 적용하시고, 우리의 찬양이 진정한 찬양이 되게끔 역사하신다(application: 삼상 16:23, 요 16:13-15, 눅 1:41-45,67, 행 16:24-26).[14] 정리하면, 성부 하나님께서는 찬양의 절대적 목적과 대상(absolute goal and target)이 되시고, 성자 예수님께서는 찬양의 외적 증거(external evidence)가 되시며, 성령 하나님께서는 찬양의 내적 조명(internal inspiration)이 되신다.[15] 이것이 바로 필자가 감히 주장하는 "삼위일체 교리 속에서 바라본 하나님의 음악선교신학"(a theology of music mission in the light of the doctrine of Trinity)이다. 바로 여기에 음악선교의 이유가 있다.

---

11) 김철웅, "삼위일체 하나님의 찬양," *The Christian Herald* (2007. 8. 28), p. 16.
12) William Barclay, *The Mind of Jesus* (New York and Evanston: Harper & Low Publishers, 1961), p. 216.
13) 이 부분에 있어 다음과 같은 질문이 있다. "그렇다면, 정말 예수님도 찬양하셨을까?" "예수님께서 찬양하셨다는 기록이 성경에 있는가?" 정답을 말하면, 분명히 있다. 성경을 자세히 묵상해 보면, 예수님께서는 마지막 최후의 만찬을 마치시고 감람산으로 가시며 성부 하나님께 찬양을 드렸음을 알 수 있다. 대부분의 학자들이 이때 드린 예수님의 찬양은 아마 유월절 식사의 네 번째 잔을 마신 후 마지막으로 부르는 '할렐'의 후반부, 즉, 시편 115-118편이었을 것으로 추정한다. 예수님 당시 회당을 중심으로 한 유대교 음악이 아직 살아 있었음을 생각할 때, 이것은 충분히 예상 가능한 주장으로 보이며, 동시에 넓은 의미에서 "찬양"(Praise)이란 단어는 꼭 곡조가 담긴 음악만을 의미하지 않는다. 하나님을 향한 모든 영광의 행위는 찬양이다. 이러한 면에서 보자면, 성자 예수님의 모든 언행과 삶은 그 자체가 찬양이었음을 알 수 있다. 참고하라. 김철웅, "삼위일체 하나님의 찬양," *The Christian Herald* (2007. 8. 28), p. 16.
14) Walter E. Buszin, *Luther On Music*, ed. Johnnes Riedel, Pamphlet Series No. 3, (St. Paul: Lutheran Society for Worship, Music and the Arts, 1958), p. 4.
15) 이러한 삼위일체 이해의 기본적 이해구조는 에베소서 1:3-14의 말씀과 아더 W. 핑크(Arthur W. Pink)의 책을 참고한 결과이다. 그는 자신의 책에서 삼위일체적 관점에서 바라본 구원을 설명했다. 필자는 이것을 동일한 삼위일체의 관점에서 찬양이라는 주제를 가지고 재해석해 본 것이다. 따라서 이러한 이해는 삼위일체 하나님의 역할을 구분해 놓은 것이지 (categorize) 갈라놓은 것이 아니다 (separate). 참고하라. Arthur W. Pink, *The Sovereignty of God* (FL: Mt. Zion Publications, 1996), p. 50.

결국, "선교에 왜 음악이 필요한가?"

그 질문에 대한 첫 번째 대답은 이렇다.

"하나님께서 음악을 선교의 도구로 사용하셨기 때문이다."

2. 다양한 선교적 기능 때문이다

우리는 앞에서 거룩하신 삼위일체 하나님께서 음악을 직접 선교의 도구로 친히 사용하셨음을 확인했다. 그렇다면 이제 다음과 같은 질문이 생긴다. "왜 하나님께서는 굳이 당신께서 음악으로 선교하셨음을 성경을 통해 우리에게 계시하셨을까?" 이 질문에 대한 대답은 하나님께서 직접 당신의 선교를 위해 친히 음악을 사용하실 만큼 음악 속에는 다양한 선교적 기능이 있음을 우리에게 가르쳐 주시기 위함이라는 말로 표현될 수 있다.

그래서 미국의 음악선교학자 필 켈러(Pill Kerr)는 음악이 가진 막강한 힘과 다양한 기능을 소개하며 그것이 잘못된 동기와 목적으로 사용되지 않도록 더 늦기 전에 기독교인들이 음악을 선교적인 측면에서 잘 연구하며 활용해야 한다고 주장했다.[16] 때문에, 많은 선교학자들은 음악 속에 들어 있는 다양한 선교적 기능에 대해 연구했는데, 그들 중 몇 사람의 주장을 들어보려 한다. 이들은 1) 헌트(T. W. Hunt), 2) 스텐리 모어(Stanley Moore), 3) 나단 콜빗(Nathan Corbit) 4) 로버트 미첼(Robert Mitchell)이다.

---

16) Phil Kerr, *Music in Evangelism* (Glendale, California: Gospel Music Publishers, 1939), pp. 23-30, pp. 45-72.

1) 헌트(T. W. Hunt)

미국 사우스웨스턴 침례신학교(Southwestern Baptist Theological Seminary)의 음악선교학자 헌트 교수는 그의 책 *Music in Missions*에서 음악의 선교적 기능을 크게 4가지 항목으로 목록화한 뒤 그것을 다시 총 25가지로 세분화했다. 이것은 그가 수년간 현지 선교사들을 대상으로 실시한 조사결과의 일부분인데, 그가 분류해 놓은 음악의 선교적 기능을 요약하면 다음과 같다.[17]

① 음악 속에 있는 원천적인 기능

이것은 음악이 음악자체로서 나타낼 수 있는 가장 근본적이고 원초적인 기능을 말한다. a) 영적인 삶은 노래를 만들어 낸다. b) 음악은 한 개인과 공동체 문화의 상징적인 표현이다. c) 음악은 특정한 문자와 기호를 기억하게 한다. d) 음악은 무엇인가에 빠르게 집중하도록 만드는 하나의 신호로서 가치를 지닌다. 5) 음악은 특정한 정보를 수집하고 해독함으로써 상호간 의사소통을 위한 통로로서 기능한다. e) 음악은 다방면의 선교적 노력에 적합하다.

② 다양한 사회계층 속에서의 기능

a) 음악은 종종 억압된 여성의 표현방식의 굴레를 깨뜨린다. b) 음악은 과묵하고 겁이 많은 사람조차도 때로는 축제의 기분이 들도록 변하게 만든다. c) 음악은 어린이들에게 매우 친숙하게 다가갈 수 있는 매개체이다. d) 음악은 때때로 복음전파의 장벽과 거부감을 사라지게 한다. e) 음악은 특정 공동체로 하여금 하나의 공통된 관심을 불러일으키게 한다. f) 음악으로 말미암아 특정

---

17) 이 부분은 헌트 교수의 영문서적 일부분을 필자가 요약하여 항목화한 것이다. 헌트 교수가 소개한 다양한 사례와 조사과정에 대한 영문자료 전문(全文)은 다음을 참고하라. T. W. Hunt, *Music in Missions: Discipling Through Music* (Eugene, Oregon: Wipf and Stock Publishers, 1987), pp. 13-33.

한 공동체 속에 기독교 소그룹이 형성되기도 한다.

③ 선교활동 안에서의 기능
 a) 음악에 대한 기본적인 재능과 기술은 선교사에게 있어 필수불가결한 능력이다. b) 음악은 어려운 신학적 가르침을 전달하기 위한 매우 유용한 도구이다. c) 교회음악교육은 어떤 특정한 선교지에서는 매우 큰 힘을 발휘한다. d) 어떤 선교지의 경우 음악능력은 일반교육에 있어 가장 기본적인 교양과정이다. e) 아프리카나 사하라 같은 지역의 경우 각 그룹은 자신들만의 음악적 기능과 형태를 가지고 있다.

④ 기독교의 삶 속에서의 기능
 a) 음악은 예배를 위해 매우 유용하고 효과적인 매개체이다. b) 기독교 음악은 가끔 이교도의 습관을 없애고 그 빈자리를 복음으로 채운다. c) 음악은 기독교인들 사이의 교제를 향상시키고 깊게 만든다. d) 음악은 좌절되고 어두운 상황 속에 있는 사람들을 밝고 힘찬 상황으로 변화시키며 격려한다. e) 음악은 기독교 신앙생활의 기본적인 생활반경을 통합시킨다. f) 음악은 새신자에게 안정된 신앙생활의 요소를 제공한다. g) 음악은 기독교 공동체에게 협력하여 전도하며 복음을 증거하는 힘을 발휘하게 한다. h) 음악은 사람에게 다양한 재능과 지도력을 발휘하게 하는 기회를 준다.

2) 스텐리 모어(Stanley Moore)

미국 사우스웨스턴 침례신학교(Southwestern Baptist Theological Seminary)의 교회음악학자 스텐리 모어 교수는 그의 글 *"Strategies for Music in Missions"*

에서 음악의 선교적 기능을 크게 3가지로 나누어 설명했는데, 그의 주장과 분석을 하나씩 살펴보자.[18]

① 사회적 기능(Social Function)[19]

음악은 인간의 삶에 있어 씨실과 날실 같은 것이다(the warp and woof of human life). 따라서 어떤 형태로든 음악 없는 문화는 있을 수 없다. 모든 공동체는 어떤 형태이든 그 공동체의 생각과 감정 및 행동에 영향을 주고 서로 뭉칠 수 있도록 이끄는 나름대로의 음악적 표현을 갖고 있다. 이러한 음악의 사회적 기능은 매우 다양하다(multifarious). 음악은 어떤 개인이나 특정한 공동체의 관심을 불러일으키고 붙잡는 능력이 있기 때문에 음악은 때때로 벨소리, 트럼펫 소리, 노래 소리 등으로 공동체의 관심을 끄는 신호(a signal)의 역할을 하기도 하고, 때로는 중요한 발표를 앞두고 전체 침묵을 요청하는 데 사용되기도 하며, 어떤 경우 매일의 기도 시간을 알리는 역할을 하기도 한다. 우리는 구약성경에서 이런 사례를 찾아볼 수 있다(출 19:13-6). 그중에서 양의 뿔로 만든 악기인 나팔(shofar)이 대표적이다. 나팔은 여러 희생 제사와 축제일, 신년 축하, 희년(Jubilee)을 선포하는 데 사용되었다. 뿐만 아니라 전쟁에도 사용된 적이 있는데, 구약성경의 경우 여리고 성 전투에서 성을 행진하며 돌 때 제사장들이 나팔을 불었다(수 6장). 또한 여호사밧 왕은 전쟁할 때에 하나님의 거룩함을 노래하며 주께 찬송할 남자들의 찬양대를 구성하였고, 사사 입다의 경우 그가 전쟁에서 승리하고 집으로 돌아왔을 때 그의 딸이 소고를 잡고 춤을 추며 그를 영접하였다. 음악은 거대한 문화 속에 사는 사람들을 특정한 개

---

18) 이 부분은 스탠리 모어 교수의 영문원고를 필자가 나름대로 요약한 뒤 한글로 번역한 것이다. 더 정확한 영어원문의 전문(全文)은 다음을 참고하라. Stanley Moore, "Strategies for Music in Missions," in *Missiology*, ed. Terry Mark John, Smith Ebbie & Anderson Justice (Nashville, Tennessee: Broadman & Holman Publishers, 1998), pp. 559-563.
19) Ibid., pp. 560-561.

별 공동체로 특징화시키기도 하는데, 기독교인들과 이교도들의 구분도 그들이 사용하는 음악을 통해 알 수 있다. 이처럼 음악은 한 사회 공동체의 주의를 끌고 그들의 생각과 행동을 하나로 결속시켜 하나된 공동체를 형성케 하는 능력을 가지고 있다. 바로 이것이 음악의 사회적 기능이며 음악선교의 중요한 요건이다.

② 교육적 기능(Didactic Function)[20]

음악은 가르치고 교육하기 위해 사용할 수 있는 강력한 도구이다. 신약성경에서 바울이 "시와 찬미와 신령한 노래들"로 서로 가르치고 권면하라고 말한 것은 이러한 음악의 교육적 기능을 강조한 것이다. 그렇다면 음악이 왜 교육적인 기능으로서 효과적인 것일까? 우선 음악은 우리의 기억을 돕는 역할을 하기 때문이다(a mnemonic aid). 어떤 내용이 곡조, 화음, 박자로 구성된 노래로 표현되면 이러한 음악은 우리 머릿속에 무엇인가를 다시 떠오르게 하는 소리기억장치(a sonic memory system)의 역할을 한다. 우리가 곡조와 가사와 박자 등으로 구성된 음악을 거듭 반복해서 노래하면 기억과 생각의 틀 안에 이것들이 각인된다는 것이다. 이럴 때 음악효과의 반복적 기능은 교육 도구로서 강력한 역할을 한다. 그래서 음악은 기독교 교리를 가르치는 데 사용될 수 있다. 예를 들어 구약성경의 시편을 보자. 우리는 흔히 시편을 단순히 히브리인들이 부르는 찬송이고 주로 예배에 사용된 가사라고만 생각한다. 그러나 시편은 또 다른 한 편으로 교리적이고 신학적인 노래이기도 하다. 다시 말하자면, 이러한 시편 암송과 반복적인 찬송은 그 가사내용에 담겨 있는 교리와 성서적 가르침을 저절로 우리 뇌리 속에 각인시켜 놓는 교육적 기능을 한다는 것이다. 실제로 대부분 기독교인들의 기본신앙과 영성은 그들이 들은 설교

---

20) Ibid., pp. 561-562.

나 그들이 추구하는 성경공부보다 그들이 부르는 찬양을 통해 더 강하게 형성되어 왔다. 선교에 있어 중요한 것이 교육선교인데, 이러한 면에서 보자면, 이러한 음악적 효과를 살린 음악선교는 또 다른 선교방법인 교육선교까지 도울 수 있는 독특한 선교기능을 가지고 있음을 알 수 있다.

③ 치료 및 신비 기능(Therapeutic/Mystical Function)[21]

음악은 실제로 인간의 많은 영역에 영향을 끼치고 있다. 어떤 특정한 음악은 그 음악을 듣는 사람의 정신적이고 육체적인 부분의 변화까지 유발할 수 있는 기능을 한다. 그러므로 인간의 이러한 행동양식에 큰 영향을 끼치는 음악을 이해하는 것은 우리가 음악선교를 좀 더 발전시키기는 데 매우 중요하다. 물론, 이러한 음악의 독특한 기능 때문에 인간의 인성, 기질, 도덕성들을 향상시키기 위해 좋은 음악을 들어야 한다는 이론은 이미 오래 전부터 지금까지 철학자들에 의해 주장되어 왔다. 흔히 우리가 말하는 음악의 치료적 기능은 바로 이러한 음악에 대한 인간의 선천적인 반응과 행동에서 출발했다. 구약성경의 사례를 보면 목동이었던 다윗이 수금을 연주함으로써 사울 왕의 정신적 불안을 치료했다는 기록이 있다. 이러한 음악의 치유적 기능을 고려할 때 선교사가 특정한 문화권 속에서 어떻게 음악을 사용할 것인가는 선교적으로 매우 중요한 과제이다. 그러므로 음악의 이러한 치료적 기능과 신비적 기능은 음악선교에 있어 선교사가 숙지해야 할 매우 중요한 요소이다.

3) 나단 콜빗(Nathan Corbitt)

미국 이스턴 대학(Eastern College)의 음악선교학자 나단 콜빗은 그의 책

---

21) Ibid., pp. 563.

*The Sound of the Harvest*에서 음악의 선교적 기능을 크게 6가지로 나누어 설명했는데, 흥미롭게도 각각의 기능을 의인화(personification)하여 분석했다.[22]

① 제사장으로서의 음악(Music as Priest)[23]

음악을 통해 가장 먼저 볼 수 있는 외적기능(visible function)은 예배를 통해 기독교 공동체의 하나됨을 이루는 예전적 기능이다. 이 상황에서 음악은 마치 구약의 제사장과 같이 모든 예배의 흐름을 주장하며, 예배에 참석한 회중들을 하나님께로 이끄는 역할을 한다.

② 선지자로서의 음악(Music as Prophet)[24]

음악은 하나님의 공의가 무너져 불의가 판을 치고, 억압이 성행하는 시대에 하나님의 경고와 심판의 말씀을 간접적으로 전할 수 있는 위장된 소리이다(music camouflages their voice). 이 상황에서 음악은 하나님의 공의와 경고를 세상에 외치는 선지자의 모습과도 같다. 따라서 이러한 음악을 사용하는 음악선교사는 주님의 재림을 예언하며 타락한 세상을 음악으로 개혁할 의무를 이행하기 위해 부름 받은 사람이다.

③ 선포자로서의 음악(Music as Proclaimer)[25]

음악은 의사소통을 위한 가장 강력한 매개체이다. 음악이야말로 무섭게 변하는 세상에 절대로 변치 않는 복음을 전하기 위한 가장 좋은 도구이다. 그

---

22) 이 부분은 나단 콜빗 교수의 영문서적 각 장(chapter)의 주요내용을 필자가 간단히 요약한 뒤 한글로 번역한 것이다. 더 정확한 영어원문의 전문(全文)은 다음을 참고하라. Corbitt, Nathan J. *The Sound of the Harvest: Music's Mission in Church and Culture* (Grand Rapids: Baker Books, 1998), pp. 18-20, 49-196.
23) Ibid., pp. 49-80.
24) Ibid., pp. 81-110.
25) Ibid., pp. 111-140.

러므로 음악선교사는 음악의 선포적 기능에 깊은 관심을 가져야 할 뿐만 아니라, 그 음악을 듣는 선교대상자들에게도 동일한 관심을 가지고 연구해야 한다. 왜냐하면 의사소통에 있어 전달자와 수신자 사이의 쌍방교류를 통한 메시지의 해석과정이 매우 중요하기 때문이다. 여기서 음악은 선포자로서 나타난다.

④ 치료자로서의 음악(Music as Healer)[26]

현대 사회에 들어와 음악의 치료적 기능은 거의 일반적인 상식이 되었다. 다윗이 사울 왕을 음악으로 치료했다는 구약성경의 기록만 보더라도, 이것은 오늘만의 이야기가 아니다. 실제로 이러한 치료의 기능은 축귀(cast out demons)의 기능까지 포함하는데, 실례로 아프리카와 같은 척박한 선교지에서 찬양으로 사탄마귀를 쫓아낸 사례들이 여럿 있다. 이 상황에서 음악은 치료자 내지는 축귀자(exorcist)의 모습을 나타낸다.

⑤ 설교자로서의 음악(Music as Preacher)[27]

음악도 설교가 될 수 있다. 실제로 복음성가 가수들이나 찬양사역자들의 노래가사를 가만히 묵상해 보면, 그 가사는 한 편의 신학적 글이며, 설교문과 같을 때가 있다. 이처럼 성경말씀이나 신학적 교리를 그냥 준비된 문자로 전달하지 말고 음악의 형태로 전달할 경우 그것은 또 다른 설교, 즉 음악설교가 된다. 이 상황에서 음악은 선교지에서 말씀을 전파하는 설교자의 모습으로 그려진다.

---

26) Ibid., pp. 141-172.
27) Ibid., pp. 173-196.

⑥ 선생으로서의 음악(Music as Teacher)[28]

하나님께서는 모세에게 음악을 통해 이스라엘 백성을 교육하라고 말씀하셨다(신 31장). 실제로 우리는 선교현장에서 서로 다른 문화권의 사람들이 음악을 교육적인 목적으로 사용할 때 얼마나 큰 효과를 나타내는지 잘 알고 있다. 이것은 비단 선교현장뿐만 아니라, 일반 교육계에서 인정하며 사용하고 있는 방법이다. 이 상황에서 음악은 선생으로서 나타난다.

4) 로버트 미첼(Robert Michell)

음악을 목회적 관점에서 연구한 미국 GTU 신학교(Graduate Theological Union)의 로버트 미첼 교수는 그의 책 『음악목회』(Ministry and Music)에서 음악의 기능을 총 5가지로 나누어 설명했다.[29]

① 참여로서의 음악(Music as Participant)[30]

음악은 사람을 하나로 모아 준다. 하나의 공통된 목적과 방향에 모든 구성원들이 참여할 수 있도록 이끈다. 대상은 전체회중이 될 수도 있고, 성가대나 개별적인 독창자 내지는 연주자도 포함된다. 이것을 음악을 통한 구성원의 재강화기능(reinforcement)이라 말할 수 있겠다.

② 주석으로서의 음악(Music as Commentary)[31]

음악은 항상 특정한 문자(text)와 함께 작용한다. 이러한 경우 음악은 본문

---

28) Ibid., pp. 197-228.
29) 이 부분은 로버트 미첼의 영문서적 속 관련 부분을 필자가 간단히 요약한 뒤 한글로 번역한 것이다. 더 정확한 영어원문의 전문(全文)은 다음을 참고하라. Robert H. Mitchell, *Ministry and Music* (Philadelphia: The Westminster Press, 1973), pp. 77-101.
30) Ibid., pp. 79-80.
31) Ibid., pp. 81-83.

을 위해 매우 실용적으로 사용된다. 이것은 악절과 음악형식을 강조하며 본문의 의미를 약화시킨 과거 바로크 시대의 작곡가들과는 정반대의 경우이다. 그러므로 주석적인 기능으로 음악을 사용할 때에는 음악의 고유특질과 본문의 강조점이 서로 잘 조화되며 융화되어야지 어느 한 쪽이 너무 강조되어서는 안 된다. 만약 본문에 맞는 음악, 음악에 맞는 본문이 선정된다면 이보다 더 큰 효과는 없다. 그러므로 음악사역자와 설교자는 함께 손을 잡고 성경본문을 더욱더 투명하고 생생하게 전달할 수 있도록 동역해야 한다.

③ 권면으로서의 음악(Music as Exhortation)[32]

이 경우 음악은 개인의 간증이나 신앙경험을 표현하는 도구로 사용된다. 그래서 그 음악을 듣는 이로 하여금 상대편의 간증과 경험에 관심을 갖게 하고, 자신도 그러한 경험 속에 동참했으면 하는 소망을 갖게 한다.

④ 느낌으로서의 음악(Music as Mood)[33]

우리가 일반적으로 TV나 영화를 볼 때 다양한 느낌과 감정이 발생하듯이 음악을 접할 때에도 똑같은 현상이 나타난다. 오늘날 예배의 분위기는 많이 바뀌었다. 다른 말로, 이것은 예배의 느낌이 엄숙함에서 축제의 분위기로 바뀌었다는 뜻이다. 이러한 변화에 적응하며 순응할 수 있도록 돕는 것이 음악이다. 음악의 변화는 느낌의 변화를 일으키며, 느낌의 변화는 음악의 변화를 요구한다.

---

32) Ibid., p. 84.
33) Ibid., pp. 85-89.

⑤ 계시로서의 음악(Music as Revelation)[34]

앞에서 음악은 주석적인 기능이 있다고 말했다. 그렇다면 그것은 이미 그 속에 계시의 기능까지 포함된 것을 의미한다. 하나님께서는 문자의 틀을 가진 음악을 통하여 우리에게 계시하신다. 그래서 우리 인간은 언어나 문자만으로 표현하기 힘든 하나님의 계시를 음악으로 쉽게 전달 받을 수 있다(대하 5:13).

지금까지 우리는 헌트, 스텐리, 콜빗, 미첼의 연구 자료를 중심으로 음악의 다양한 선교적 기능들을 살펴보았는데, 이러한 연구 자료와 결과는 현지 선교사들을 대상으로 한 설문조사를 통해 나온 것이라는 점에서 그 선교적 가치가 더 크다고 본다. 그런데 여기서 우리가 눈여겨봐야 할 것은 서로 다른 네 사람이 서로 다른 조건 속에서 서로 다른 분석결과를 얻었음에도 불구하고, 마치 서로 만나 약속이나 한 듯 많은 부분이 서로 중복되고 있다는 점이다. 이것은 음악의 선교적 기능이 매우 보편적일 뿐만 아니라, 매우 확실한 것임을 보여 주는 결과이다. 그래서 미국 풀러 신학교의 선교학자 찰스 크래프트(Charles H. Kraft)는 다음과 같이 말한다.

> 음악은 (때론 드라마와 춤까지 포함하는) 문화화를 위한 또 다른 중요한 매개체이다. 음악은 종종 민간설화나, 신화 그리고 전설과 같은 것들을 전해 주는 매개체 내지는 그것들의 한 부분이 되기도 한다. 그러므로 지금까지 언급한 많은 매개체들 중 거의 모든 부분이 음악에 또한 적용될 수 있다. 그러나 음악은 그 자체로 사용되기도 하고 때로는 춤과 함께 사용하기도 한다. … 비서구 사회에서나 서구사회에서나 음악의 가사내용(the words of songs)은 그 사회의 가치를 전달해 주는 강한 전달매개체이다. 게다가 경우에 따라 단순한 말보다 박자와 음조에 따라 반복

---

34) Ibid., pp. 90-93.

해서 부르는 것이 훨씬 효과적일 수 있고 적극적인 방법이 될 수 있다.[35]

그러므로 우리는 여기서 선교활동에 음악을 반드시 사용해야 할 당연한 이유를 찾을 수 있을 뿐만 아니라, 스텐리 모어 교수가 말했듯 "음악이 가지고 있는 고유의 특징과 기능들을 인정하는 것이 음악선교를 이해하는 첫걸음"[36]임을 주장할 수 있게 되었다. 바로 여기에 음악선교의 이유가 있다.

결국, "선교에 왜 음악이 필요한가?"
그 질문에 대한 두 번째 대답은 이렇다.
"음악은 다양한 선교적 기능을 가지고 있기 때문이다."

3. 선교도구 중 하나이기 때문이다

우리는 위에서 음악 속에 다양한 선교적 기능이 있음을 확인했다. 결국, 이러한 음악의 다양한 선교적 기능은 음악이 가장 효과 있는 선교도구 중 하나임을 스스로 자증(自證)하는 결론을 이끌어 낸다. 그래서 많은 선교학자들이 선교현장에 있어 실제로 가장 효율적인 선교도구 중 하나가 음악임을 주장했다. 먼저 조숙자 교수(장로회신학대학교)의 주장을 살펴보자.

> 복음을 선포하고 그것을 받아들이게 하는 것은 크게 두 가지 경로가 있다. …
> 하나는 지적인 인간의 인식 능력을 통해서요, 다른 하나는 감성적인 인간의 능력을 통해서이다. 말을 가지고 또는 글을 써서 복음을 전달하는 것은 우리가 보

---

35) Charles H. Kraft, *Anthropology for Christian Witness* (Maryknoll, New York, 2003), p. 255.
36) Stanley Moore, "Strategies for Music in Missions," *in Missiology*, p. 563.

통 사용하고 있는 방법이다. 그러나 인간의 언어는 천국의 메시지를 완전하게 표현할 수 없고 또한 그 메시지를 완전하게 전달할 수 없다. … 여기에서 이 지성의 한계성을 뚫을 수 있는 방법이 모색되게 된다. 곧 인간의 감성을 통한 메시지 전달이다. … 복음을 음악을 통해서 전달하고 전달받는다고 하는 것은 언어를 사용해서 그렇게 하는 것과 마찬가지로 효과가 있기 때문에 그 중요성이 강조되어야 할 것이다.[37]

말을 가지고만 선교를 한다면 귀를 기울이려 하지 않고 그런 집회에는 모이려고 하지 않을 사람들이 그들이 좋아하는 음악을 통해 복음을 전할 때는 우선은 그 음악 때문에 귀를 기울이고 관심을 쏟고 모이는 경우를 흔히 보게 되는 사실은 매우 중요하다.[38]

물론 이러한 조숙자 교수의 주장이 앞으로의 선교가 음악선교로만 진행되어야 한다는 것도 아니고, 말과 글로 전달되는 선교방법이 실패했음을 의미하는 것도 아니다. 다만 이 글에서 주장하고 있는 핵심내용은 선교사역 가운데 음악선교 또한 그 수많은 선교방법 중에 하나가 될 수 있다는 가능성이다. 동시에, 앞으로는 음악선교가 인간의 지적인 요소와 감성적인 요소를 다 움직일 수 있는 효과적이라는 선교도구가 된다는 점이다. 왜냐하면 이미 설명한 바와 같이, 언어나 글이 채우지 못하는 복음전달의 감정적인 한계성을 음악이 채워 줄 수 있기 때문이다. 그래서 헌트 교수와 스텐리 모어 교수도 음악이 선교의 효과적인 도구가 됨을 다음과 같이 말했다.

음악선교는 매우 다양한 활동을 포함하고 있다. 어떤 선교사는 궤변적인 성향이

---

37) 조숙자, "音樂과 宣敎," 『기독교사상』 통권 251호 (1979, 5): p. 156.
38) 위의 책, p. 160.

강한 도시선교를 위하여 음악을 효과적으로 사용하기도 하며 … 어떤 선교사는 농촌선교를 위해 음악을 사용하기도 한다. … 이처럼 음악이란 항상 선교방법에 있어 매우 중요한 매개체였다(an integral part of missions).[39]

음악은 그 자체가 목적이 아니다. 오히려 교회가 가지고 있는 세상에서의 예배 과업을 성취되도록 돕는 하나의 도구이다. … 우리가 선교에서 음악을 도구로 사용할 때, 우리의 목적은 반드시 사람들을 하나님께로 인도하려는 것이어야 한다. 다른 음악보다 더 우수한 특정 음악 체계를 발전시키고, 감상하려는 것이 아니다.[40]

존 윌슨(J. F. Willson) 또한 "음악 없이 영혼을 구하려는 노력은 마치 발 없이 달리는 것과 같고, 손 없이 권투하는 것과 똑같은 일이다."[41]라고 말했고, 연세대학교 이계준 교수도 음악선교를 위하여 날마다 새로운 형태의 음악이 소개되어야 할 당위성에 대하여 다음과 같이 설명했다.

전통적 교회 음악은 주로 교회 또는 교인 중심주의에서 비롯된 것이다. 그러나 현대 교회는 그 자체를 중심으로 할 것이 아니라 하나님의 선교의 장(場)인 세계 또는 역사를 중심으로 해야 한다는 의미에서 교회음악의 폭을 넓혀야 한다.[42]

여기서 "교회음악의 폭을 넓혀야 한다."라는 표현은 무엇을 뜻하는가? 바로 교회음악을 교회 안의 음악이 아닌 외부로 나가는 선교도구로 사용해야

---

[39] T. W. Hunt, *Music in Missions: Discipling Through Music*, p. 9.
[40] Stanley Moore, "Strategies for Music in Missions," in *Missiology*, p. 559.
[41] John F. Willson, *Introduction to Church Music*, 나운영 역, 『교회음악입문』 (서울: 대한기독교서회, 1980), p. 74.
[42] 李桂俊, "교회음악의 갱신," 『韓國敎會와 하나님의 宣敎』 (서울: 展望社, 1981), p. 226.

함을 의미하는 것이 아니겠는가? 또한 우리나라 초기 한국교회 선교의 선구자인 언더우드(H. Underwood) 목사는 1897년 4월 1일 순한글 신문인 《그리스도 신문》(The Christian News)을 통해 한국인들이 작사한 찬송을 한국인들의 전통음악 형식에 따라 찬양을 만들어 부르는 것이 유익한 선교방법 중 하나임을 주장했다.

> 곡조를 가지고 여러가지로 변 하야도 관계치 아니ᄒᆞ니 제나라 곡됴 룰 좃차셔 ᄒᆞ는 것 ᄀᆞ치 또한 관계치 안소 깃븐 ᄆᆞ음과 진실흔 ᄯᅳᆺᄉᆞ로ᄒᆞ면 하ᄂᆞ님 아바지ᄭᅴ셔 반가히 밧ᄋᆞ시리라. 대한 형뎨의 지은 노래 ᄒᆞ나흘 써셔 알게ᄒᆞ노니 여러 교우들은 찬셩시 곡됴룰 아지 못ᄒᆞ거든 혹 ᄌᆞ긔 나라 곡됴 잘 ᄒᆞ시오.[43]

> 피로 쇽죄흔 것과 일흠을 싱명칙에 긔록흔 것과 이후에 무셔온 심판을 밧지 아니흘거슬 싱각ᄒᆞ고 깃버홈이라. 세상 사름이 악흔 신의게 쐬여 슐을 먹고 취흔후에 흥이 나 소리 ᄒᆞᄂᆞ니 셩신이 감화흔 사름은 하ᄂᆞ님의 신에 감동ᄒᆞ야 찬미롤 ᄒᆞᄂᆞ거시오. 여러 교우들은 찬미롤 례와 법으로 아지말고 죄인이 옥즁에셔 버셔나셔 나아온후에 깃거히 소리 ᄒᆞᄂᆞᆫ것 ᄀᆞᆺ흔줄노 아시오.[44]

선교역사의 관점에서 이 신문의 글이 우리에게 흥미롭게 다가오는 이유는 이 주장이 있고 4년 뒤인 1901년 5월에 가서야 최초의 한국인 찬송가가 발간되었다는 역사적 사실 때문이다. 결국, 공식적인 찬송가가 없던 이때에 이미 언더우드 목사는 찬양의 중요성과 그 가치를 신문을 통해 주장하며 음악선교의 필요성이 절실함을 호소하고 있었던 것이다. 그때도 음악은 선교의 도구였다. 실제로 우리 한국의 초기 기독교 선교역사를 보면, 해외 외국 선교사들이

---
43) 《그리스도 신문》, 일천구빅일년, 오월 초이일, p. 142.
44) 위의 신문, 같은 면.

한국인들의 영적감성을 잘 파악하여 그 감성에 맞는 음악을 선교적 도구로 사용한 사례가 많다. 이 부분에 대해 조숙자 교수는 다음과 같이 주장했다.

> 한국의 기독교인들은 서양 음악을 통해 우리의 감성을 나타내 왔고 복음을 표현하였다고 하는 데에 아무런 이론이 없을 것이다. … 초기 선교사들 중에는 우리 고유의 음악을 통해 복음을 전달해 보려고 애쓴 흔적도 없지 않다. 연동교회 80년사에 다음과 같은 기록이 있다: "1915년 6월에 임공진을 장로로 장립했다. 선교사 J. S Gale은 그를 좋아했다. 특히 그의 음악적인 소질을 좋아해서 자기 집으로 데려다 장구 치고 거문고와 가야금을 타게 하고 노래를 부르게 하여 한국적인 찬송가를 만들어 보려고 했다. 그는 1917년에 조선음악연구회를 조직하여 1919년까지 이와 같은 찬송의 토착화를 시도했다."[45]

특별히 이것은 선교사 게일(J. S. Gale)이 우리나라를 위해 그가 음악선교를 실천했음을 보여 주는 확실한 문서적 증거이다. 물론 게일뿐만 아니라 그 외 많은 외국 선교사들이 이러한 음악선교를 실천했다. 이 과정에서 그들은 특별히 "콘트라곽투어"(Kontrafaktur/contrafacta/writing new words for existing melodies)[46]라는 독특한 방법을 사용했다. 이것은 세속적인 일반음악에 기독교적 내용과 의미를 담아서 새로운 찬양을 만드는 방식을 일컫는 용어인데, 음악선교를 실천함에 있어 유용하게 사용할 수 있는 편곡방법 중 하나이다.[47]

외국 선교사들이 노력한 음악선교의 구체적인 예를 몇 가지를 소개한다. 찬송가 280장 "천부여 의지 없어서"라는 찬송은 영국으로 나와 살던 스코틀랜드 사람들이 고향을 그리며 불렀던 스코틀랜드 민요 "올드랭사인"(Auld lang

---

45) 조숙자, "音樂과 宣敎," 『기독교사상』, p. 158.
46) http://www.earlymusicguild.org/emg/contrafacta.html(2007년 1월 25일)
47) Ulrich S. Leupold, "Learning From Luther?," *Journal of Church Music*. Vol. 8, No. 7 (July-August 1966): p. 4.

syne/ Old long since/ 고향을 떠난 지 오래 되었다)을 "콘트라팍투어"한 것이다. 이것을 또 감리교 창시자인 존 웨슬리(J. Wesley)의 동생이자 찬송작가였던 찰스 웨슬리(C. Wesley)가 새롭게 "콘트라팍투어"한 것이다. 493장 "하늘 가는 밝은 길이"라는 찬송도 존 스코트(John Scott)라는 귀족 부인이 자신이 알고 있는 한 여인의 아름다움을 노래하기 위해 만든 대중음악 "에니로니"(Annie Laurie)에서 나온 것이다. 그것을 한국 초기 선교사였던 스왈른(W. L. Swallen: 소안련) 선교사가 1905년에 한국적 정서에 맞게 "콘트라팍투어"한 것이다. 또한 96장 "예수님은 누구신가"라는 찬양도 장자크 루소(J. J. Rousseau)의 곡을 기독교적으로 만든 찬양이며, 수난절 찬송인 145장 "오 거룩하신 주님"도 중세 독일의 하슬러(H. L. Hassler)가 1601년에 작곡한 세속적 사랑의 노래인데, 독일 루터교단의 파울 게하르트(Paul Gerthard) 목사가 "콘트라팍투어"한 것이다. 특별히 바흐(J. S. Bach)는 이 음악에 은혜를 받아 자신의 "마태 수난곡"에 다섯 번이나 인용하기도 하였다.

348장 "마귀들과 싸울지라"는 찬송도 1862년 남북전쟁 때 줄리아 워드 하우(Julia W. Howe) 부인이 "존 브라운의 시체"(John Brown's Body)라는 군인 행진곡에 영감을 받아 "콘트라팍투어"한 찬양이다. 그런데 이 찬양도 원래 윌리암 스테프(William Steffe)가 미국 버지니아 리치몬드(Virginia Richmond)의 소방대원 행진곡으로 작곡한 노래였다. 77장(통일찬송가) "전능의 하나님"은 소련(러시아)의 국가이며, 210장 "시온성과 같은 교회"는 독일국가이다.[48] 이것뿐만이 아니다. 심지어 과거 일본군이 불렀던 일본 군가까지 선교적인 입장에서 그 가사만 바뀐 상태로 버젓이 찬송가에 실려 있는 경우도 있다.[49]

---

48) 이러한 사실은 찬송가만이 오로지 하나님께 향한 찬양이 될 수 있다는 절대적 편견을 깨뜨리게 한다. 심지어 새롭게 개편된 『21세기 찬송가』 속에도 한때 복음성가로 논란의 대상이 되었던 곡들이 찬송가로 채택되어 수록되어 있는 것을 볼 수 있다. 그러므로 오늘날에 기독교인들에게는 기존의 찬송가를 인정함과 동시에 찬송가 외의 다른 찬양곡들도 각 시대의 문화적 상황과 입장에 따라 찬송으로 사용될 수 있음을 인정하는 포용성이 필요하다. 이 부분에 대해서는 필자의 책 『추적! 마틴 루터도 CCM 사역자였는가?』(2009), pp. 413-419를 참고하라.
49) 1929년에 태어나 신의주와 서울에서 청소년기를 보내며 일제강점기를 체험한 조형균(78세) 씨는 계성

외국 선교사들의 이러한 음악선교적 노력은 급기야 선교대상자였던 한국인 스스로 음악선교를 실천할 수 있는 기회와 용기로 발전되었는데, 결국 이를 통해 찬양의 토착화라고 하는 음악선교적 성과를 얻을 수 있었다. 즉, 한국사람 스스로 자신들의 손으로 직접 찬송가를 만들어 보급함으로써 음악선교의 열매를 보게 되었다는 뜻이다.[50]

종이역사박물관 관장으로 이러한 사실을 증언한 적이 있다. 그는, 일제 때 일본 앞잡이 경찰 노릇을 했던 사람이 해방과 더불어 속죄하는 심정으로 교회의 부흥강사가 된 후 퍼뜨린 노래 가운데 "부럽지 않네"라는 성가가 있었고, 그 노래는 청일전쟁 때 일본 해군이 불렀던 군가였음을 증언했다. 실제로 1979년 11월 30일에 초판이 나온 뒤 81년까지 거의 20판을 넘게 찍어 낸 부흥회용 『복음성가』(영산출판사) 제5장, 그리고 97년 3월 20일 발행한 『새로운 복음성가』(새로운 출판사) 제40장에 실린 이 노래는 "세상사람 날 부러워 아니하여도"로 시작하는데, 모두 4절까지 있고 마지막에 "할렐루야 찬송이 저절로 나네"라는 후렴구가 붙어 있다. 이 곡은 1895년 "사사키 노부쓰나"라는 사람이 작사하고 "오쿠 요시이사"라는 사람이 작곡한 "용감한 수병"에서 따온 노래로, 청일전쟁 승리를 찬양하고 애국심을 고취하는 일본의 국민가요이다. 그 노래의 8절에 나오는 "아직 그대로 늬가 적함 정원(定遠)은/ 그 말 한 마디는 짧을지라도/ 황국을 생각하는 온 국민의/ 마음에 길이길이 쓰여지리라" 등의 가사는 중상을 당하고도 부함장을 찾아 적함이 격침됐는지를 묻고 바로 숨졌다는 어느 3등 수병(水兵)을 영웅화한 내용이다. 특별히 중앙대 창작음악과 노동은 교수는 문제의 노래가 청일전쟁 뒤 '데이치쿠 주식회사'가 소방청음악대와 합창대에 녹음한 것이며, 1910년 대한제국 학부가 발행한 『보통교육창가집』에도 "권학가"란 제목으로 이와 동일한 악보가 실려 있다고 말했다. 이것 외에도 『새로운 복음성가』 제50장에 실려 있는 "허사가"도 마찬가지인데, 지금 설명한 "부럽지 않네"와 "허사가"는 여러 복음성가에도 나오지만 1950년, 54년, 61년, 69년, 71년에 재단법인 대한기독교서회(편집 겸 발행인 김춘배 찬송가합동위원회 대표)가 발행한 『찬송가』 제90장에 "예수의 생애"라는 제목으로 실려 있다. 또한 부흥회용 『복음성가』 제35장에 들어 있는 "신구약 성경 목록가"(창세기 출애굽기)도 마찬가지다. 이는 일제가 도쿄 신바시에서 요코하마 쪽으로 철도를 놓아 개통했을 때 지어 부른 4행 66절 노래 "철도창가-도카이도편"에서 곡을 따왔다. 이 "철도창가"의 곡은 『새로운 복음성가』 제88장의 "요일가"로 사용되었다. 그뿐 아니라 "주님 고대가"도 일본 음계와 박자로 작곡한 것이다. 이러한 사실에 대하여 보다 자세한 설명과 악보 사진을 보고 또한 관련 음악들을 직접 들어보려면 다음을 참고하라. http://www.hani.co.kr/arti/culture/music/241228.html (2007. 10. 21), 한승동, "성스러운 찬송가가 일제군가였다니…," 『한겨레신문』 (2007.10.8): p. 25, 한승동, "교회 속 일제군가 그건 이렇습니다," 『한겨레신문』 (2007.10.22): p. 30.

50) 초기 한국교회는 정식 찬송가가 나오기 전까지 단편적으로 중국어의 발음만 따서 번역한 찬양을 일부 사용하였다. 이것은 한국 최초의 세례교인 중 한 사람인 백홍준의 딸 백관성이 그의 아버지가 "예수 사랑하심은"이라는 찬양을 "주 야소 아이 워"라는 중국 발음으로 찬양하는 것을 들었다는 증언과, 1888년 7월 "부녀자와 어린이들을 위한 주일학교에서의 조직을 보게 되었다"는 고대문헌기록에서 증명된다. 왜냐하면 주일학교에 찬양이 없을 리가 없기 때문이다. 한국 최초의 찬송가는 1892년 조지 존스(George Heber Jones)와 루이스 로드와일러(Louise C. Rothweiler)가 같이 만든 『찬미가』이다. 이것은 총 27곡의 번역 곡을 수록하고 있었고, 당지(唐紙)로 된 소형본으로 당시 감리교단에서 사용하였다. 그러나 그것은 악보가 없는 찬송가였다. 따라서 실제로 사성부(四聲部)가 충실히 표기된 악보형태로 출판된 최초의 찬송가는 1893년에 만들어진 『찬양가』로서 언더우드(H. Underwood) 선교사가 117곡의 찬양을 그곳에 수록했다. 이것은 주로 남장로교회에서 사용되었다. 그 이후 1895년 미국 감리파의 『찬미가』와 미국 북장로파의 『찬성시』가 연속 발행되었고, 1908년에는 이 모든 찬송가들을 합친 『합동찬송가』가 출간되었는데, 이것은 장로교회와 감리교회가 함께 연합한 것으로 무려 262곡의 찬양이 수록되어 있었다. 이후 이 『합동찬송가』는 1928년에 장·감 연합공의회가 『신정찬송가』를 새로 발행하고, 동시에 이를 반대하는 장로교회가 『신편찬송가』를 단독으로 만들어 서로 분열을 맛볼 때까지 근 20년 가까이 사용되었다. 1900년에 침례교회에서 『복음찬미가』를, 1903년에 성공회에서 『성회성가』와 1904년에 『천도찬시』를 발행하였고, 1911년 성결교회는 『복음가』를, 안식교는 『찬미가』를, 1912년 구세군은 『구세군가』를 발행했다. 이처럼, 각 교단과 공동체는 8·15광복을 맞을 때까지 자기 나름대로의 찬송가를 고집하고 또한 중보해 왔다. 해방 이후 1946년 장로교, 감리교, 성결교가 합동으로 새롭게 통일된 찬송가의 필요성을 느끼고 찬송가 합동전권 위원회를 조성하여 1949년 『합동찬송가』를 발행하였다. 이것은 이후 『합동찬송가』의 단점과 문제점을 보완한 『개편찬송가』가 나오는 1967년 12월 15일까지 무려 20판을 거듭하며 폭넓게 사용되었다. 그러나 『합동찬송가』의 단점을 해결하려고 새롭게 증보된 『개편찬송

한국인으로 최초의 목사가 된 길선주 목사도 한국 찬송가의 가락을 찾아보기 위하여 무당이나 국악사를 부르거나 찾아다니며 묻기도 하고 배우며 연구했다는 기록을 보아 뜻 있는 초대교회 목사들은 찬송가 토착화 운동에 앞섰던 사실을 알 수 있다.[51]

이것은 모두 외국 선교사들이 음악선교를 실천했을 때 나타나는 결과, 즉 현지 선교대상자들 스스로 자기들에게 맞는 토착화 내지는 상황화된 음악을 찾아 찬양했다는 결과를 보여 주는 좋은 선교적 사례라 할 수 있겠다. 이처럼 음악은 하나님께서 직접 사용하신 선교도구일 뿐만 아니라, 하나님께서 우리에게 허락해 주신 아주 유용한 선교도구 중 하나이다.

이 외에도 음악을 선교활동의 도구로 사용할 수 있는데, 실제로 사용한 몇 가지 사례를 소개하면 다음과 같다.[52] 콘서트나 독주회 때 음악을 사용해서 선교한 경우가 있는데(feature evangelism), 인도네시아의 선교사 빌 오브라이언(Bill O' Brien)은 1965년 케디리(Kediri)라는 곳에서 합창콘서트 선교대회를 열어 56명의 결신자를 낳았고, 빌리 그레이엄(Bill Graham)과 돌리 호웰(Dollie Howell)은 사우스웨스턴(Southwestern) 신학교 재학 시절 1944년 잠비아 커퍼벨트(Copperbelt, Zambia)에서 음악선교팀으로 활동하여 30일 동안 45번의 콘서트를 가지고 676명의 결신자를 기록했다. 시장이나 상가 및 공원 등에서 행해지는 노방전도형식 및 축제나 박람회 및 지역행사를 통한 음악선교도 가능한데, 한국에서 음악선교사로 사역했던 존 콜래드(John Conard)는 핸드벨(Hand Bell)

가」는 한국 전체교단의 호응을 얻지 못했다. 가사가 너무 어려웠으며, 너무 바꾸어 놓았기 때문이다. 그래서 여러 해 동안의 연구를 거쳐 1985년 새로운 찬송가집을 만들었으니 그것이 바로 최근까지 우리가 사용하고 있는 『통일찬송가』이다. 그 후 21세기에 들어서 오늘날 한국교회는 새롭게 『21세기 찬송가』를 발행했다. 더 자세한 내용과 관련 사진은 다음을 참고하라. 李萬烈, 『韓國基督教文化運動史』(서울: 大韓基督教出版社, 1987), pp. 345-362, 문성모, "한국 찬송가의 역사," 『민족음악과 예배』(서울: 도서출판 한들, 1995), pp. 93-103. 이중태, 『韓國教會音樂史』〈改新教 篇〉(서울: 예찬사, 1992), pp. 13-49, 이유선, 『韓國洋樂百年史』(서울: 중앙대학교출판국, 1976), pp. 34-37.
51) 조숙자, "音樂과 宣教," 『기독교사상』, p. 158.
52) Stanley Moore, "Strategies for Music in Missions," in *Missiology*, pp. 566-568.

이라는 악기를 사용하여 복음을 전파했고, 스텐리 모어(Stanley Moore) 교수는 브라질(Brazil)의 한 도시공원(pracas-city parks)에서 전자악기와 음향시설을 사용하여 짧은 시간 안에 수십 명의 많은 청중을 모아 전도할 수 있는 기회를 얻었다. 음악은 교회개척에도 유용한데, 르완다(Rwanda)의 음악선교사 마르린 리(Marlene Lee)는 음악선교를 통해 결집된 구성원들을 중심으로 교회개척을 이루었다. 이 외에도 다양한 프로그램을 통해(program-based evangelism), 교회에서 운영하는 학교를 통해(church-based school), 라디오, TV, 방송, 녹음과 같은 방송매체를 통해서도 음악선교는 얼마든지 가능하다. 특별히 요즘 21세기 젊은 청소년을 대상으로 선교활동을 진행하고 있는 사역자에게 있어 음악은 절대 빠져서는 안 되는 선교도구 중 하나이다.[53]

그런데 한 가지 놀랍고 충격적인 것은 우리의 원수 사탄마귀는 이미 벌써부터 음악을 자신의 선교적 도구로 사용해 왔다는 무서운 사실이다.[54] 그래서 음악선교학자 필 켈러(Phil Kerr)는 사탄은 음악을 악한 목적에서 사용하고 있다고 주장하며, 성경 속에서 사탄이 음악을 자신의 악한 선교활동을 위해 사용한 여러 사례를 소개했다(출 32:17-19, 삿 11:34, 렘 31:4, 시 69:12, 암 5:23;6:5;8:10, 막 6:22, 계 18:22). 그러면서 왜 기독교인들은 하나님의 선물인 음악을 사용하지 못하는지 안타까워했다.[55] 황영헌 또한 사탄의 선교도구 중 음악이 있음을 강조하며 사탄은 찬송가를 짜증나는 소리로 만들어 기독교 음악을 세속화하기 위해 노력하고 있다고 증언했다.[56] 그렇다면, 정말 그것이 사실일까? 사탄이 음악을 자신의 선교적 도구로 사용했음을 주장하는 사람들의 말부터 들어보자.

---

53) 오윤선, 『청소년! 이젠 이해할 수 있다』 (서울: 예영 B&P, 2008), p. 159.
54) Mark. Spaulding, *The Heartbeat of The Dragon: The Occult Roots Of Rock & Roll* (Sterling Heights, Michigan: Light Warrior Press, 1992), pp. 1-6.
55) Phil Kerr, *Music in Evangelism* (Glendale, California: Gospel Music Publishers, 1939), pp. 28-30.
56) 황영헌, 『사탄의 선교전략』 (서울: 예영커뮤니케이션, 1998), pp. 118-120, 188-189.

그동안 줄기차게 복음주의 교회의 문턱을 밟으려 노력했던 사탄은 이제 모든 사람들이 아직 잘 깨닫지 못한 상황에서 열정적으로 받아들일 수 있는 음악이라는 매개체를 통하여 손쉽게 안으로 들어갈 수 있는 교회의 활짝 열린 뒷문을 찾았다. 이러한 음악은 어느 날 갑자기 교회에 떨어진 것이 아니라 공교하게 슬며시 스며들어 왔다.[57]

누군가 우리의 아이들을 노리고 있다. 그 놈은 사탄이다! 타락한 천사 사탄은 우리 아이들이 좋아하는 모든 형태의 음악을 가지고 그들을 유혹하고 있다. 전통 음악형태만 주장하고 젊은이들의 문화로 대화하기를 거절한 우리는 이때까지 사탄에게 이렇게 말한 셈이다. "사탄! 어서 너의 음악을 들고 우리 아이들에게로 무섭게 달려가!" "그 음악으로 우리 아이들을 잡아먹어!"[58]

어떤 음악이든지 그것은 음악이라는 이유 하나만으로도 4가지 이상의 방법으로 우리에게 영향을 끼칠 수 있는 힘을 가지고 있다. 그리고 이러한 4가지 면이 치명적으로 잘못 사용되거나 오용되면 사탄의 도구로 사용될 수도 있다. 사탄이 오용할 수 있는 음악의 잘못된 4가지 측면은 가사(lyrics), 생활방식(life style), 목적(goal), 영상(graphic)이다.[59]

특별히 여기서 주장하고 있는 4가지 치명적 오류(four fatal flaws)는 사탄 마귀가 음악을 자신의 선교적 도구로 사용할 때 나타나는 구체적인 외적현상이다.[60] 그러나 이러한 현상은 전통 클래식 음악에서도 절대 예외는 아니다. 모

---

57) Lowell Hart, *Satan's Music Exposed* (Pennsylvania: Salem Kirban, 1980), p. 12.
58) Joel W. Bunkowske, "Church-Mission-Music," *The Lutherans In Mission: Essays in Honor of Won Yong Ji* (Fort Wayne, IN: Concordia Theological Seminary Press, 2000), p. 147.
59) Dan Peters, Steve Peters & Cher Merrill, *What About Christian Rock?* (Minneapolis, Minnesota: Bethany House Publishers, 1986), p. 18.
60) Dan Peters & Steve Peters, *Why Knock Rock* (Minneapolis, Minnesota: Bethany House

차르트(Mozart)의 경우 "The Magic Flute"이라는 곡을 통해서 주술적인 내용을 담았다.[61] 사탄은 이처럼 이미 자신의 악한 선교를 위해 음악을 사용하고 있었다.

이러한 무서운 사실은 우리로 하여금 "왜 사탄만이 좋은 음악을 가져야만 하는가? 사탄 마귀만이 오로지 좋은 음악을 독차지할 권리는 없다(Why should the devil have all the good music? The devil has no right to all the good tunes)."[62] 라고 외친 종교개혁자 마틴 루터(Martin Luther)의 기념비적인 선언을 생각나게 한다. 물론 여기서 사탄 주권론을 주장하는 것은 아니다. 그러나 이러한 외침은 잠시 동안 공중권세를 잡은 사탄의 세력에 승리해야 하는 우리의 입장을 정립하려는 노력의 한 부분이다. 그러므로 이러한 루터의 발언은 마귀에게 빼앗긴 음악선교의 깃발을 다시 되찾아 와야 한다는 16세기 종교개혁자의 고독한 외침일 수 있다.[63]

그래서 이러한 위기적 상황을 해결하기 위해 근대에 제시된 대안 중 하나가 바로 "Contemporary Christian Music"(CCM)이다. 덕분에 CCM은 21세기에 와서 청소년 음악선교의 귀한 도구로 쓰이고 있는 음악장르 중 하나가 되었다(물론, 이것은 아직까지 상당한 논쟁의 대상이기 되기도 한다).[64] 미국의 루터교 신학자 클레멧 페루스(Klemet Preus)는 공식적으로 "음악은 젊은 기독교인들에게 다양하고 가치 있는 대안(alternative)"[65]이라고 주장했다. 그리고 미국의 루터교 목사 윌리암 블리스(William M. Bliese)는 그가 목회하고 있는 임마누엘 루터란 교

Publishers, 1984), pp. 61-152.
61) Melvyn J. Willin, *Music, Witchcraft and the Paranormal* (St. Thomas: Melrose Press, 2005), p. 240.
62) John J. Thompson, *Raised By Wolves: the Story of Christian Rock & Roll* (Toronto, Ontario: ECW Press, 2000), p. 31.
63) 마틴 루터의 음악선교에 대해서는 이 책의 뒷부분에서 다룰 것이다.
64) CCM의 정의, CCM 논쟁과 해결책, CCM의 역사, 그리고 CCM에 대한 필자의 개인적 해석과 입장에 대해서는 필자의 책 『추적! 마틴 루터도 CCM 사역자였는가?』 (2009), pp. 45-57, 91-118, 131-187, 342-433을 각각 참조할 것.
65) Klemet Preus, "Contemporary Christian Music: An Evaluation," *Concordia Theological Quarterly*, Vol. 51, No. 1 (January 1987): p. 1.

회(Emmanuel Lutheran Church: Dayton, Ohio)에서 "피쉬 하우스"(The Fish House)라는 〈음악카페〉를 하나 운영하면서 음악선교활동을 하고 있는데, 그는 이 카페를 통한 자신의 음악선교에 대해 다음과 같이 설명했다.

"피쉬 하우스" 목회는 참으로 유익하다. … 많은 젊은이들이 "피쉬 하우스"를 통해 예수 그리스도 앞으로 나오고 있다. … "피쉬 하우스"는 오늘날 젊은 기독교인들을 위한 하나의 대안목회(an alternative)이다. 매번의 콘서트를 통하여 우리는 예수 그리스도를 전하고 있다. "피쉬 하우스"에서는 젊은이들의 마음을 열도록 이끌어 주는 다양한 음악이 연주된다. 다른 곳에서는 예수 그리스도를 듣지 못하는 많은 젊은이들이 이 "피쉬 하우스"에서 예수 그리스도에 대하여 듣는다. … 그들은 교회로 오라면 오지 않는다. 그러나 내가 콘서트 장으로 인도하면 그들은 관심을 가지고 따라온다. … 크리스찬 록이나 CCM 등은 예수 그리스도에 대해 말한다. … 콘서트가 끝난 뒤 많은 젊은이들이 예수 그리스도에게 관심을 가지며, 성경에 대해 물어오고, 신앙상담을 요청해 오는 경우가 많다.[66]

더 나아가 CCM 연구가 스티브 밀러(Steve Miller)도 기독청소년을 향한 CCM의 영향력을 설명하기 위해 미국 조지아 지역의 침례교회(Flat Creek Baptist Church, Fayetteville, Georgia)의 어느 한 찬양 사역자의 말을 다음과 같이 인용했다.

CCM 음악은 청소년들에게 영구적인 메시지를 전하고 있다. 그래서 빌리 그래함 목사도 자기 집회에 이러한 음악을 사용했다. 이제 이러한 경향은 더 이상 논쟁의 여지가 없는 사실이다. 그래서 챈들러(Chandler)는 "일반 기존 교회에서 CCM

---

66) Steve Rabey, "Fish House: A Christian Music Ministry," *The Lutheran Witness*, (December, 1983): pp. 17-18.

을 사용하는 이러한 경향은 2001년이 넘어서면 굉장한 파급효과(fortissimo)를 가져올 것이다."라고 예언했다.[67]

이러한 이유 때문에 요즘의 젊은 세대를 대상으로 선교활동을 하고 있는 사람들은 항상 음악을 중요한 선교도구로 인식하며 사용하고 있다. 당연히 이것은 젊은이들만의 사례에 국한될 수 있는 것은 아니다. 예수 그리스도의 복음이 전파되는 모든 선교대상지에 똑같이 적용될 수 있다. 물론 시대는 변하고 역사는 흘렀다. 그러나 우리 예수님의 선교명령은 여전히 살아 있고, 그 선교의 방법도 다양해지고 있다. 이러한 상황 속에서 하나님께서는 우리를 선교사로 부르고 계시며, 특별히 음악을 통한 음악선교사역으로 우리를 찾고 계신다. 바로 여기에 음악선교의 이유가 있다.

결국, "선교에 왜 음악이 필요한가?"
그 질문에 대한 세 번째 대답은 이렇다.
"하나님께서 음악을 선교의 도구로 우리에게 허락하셨기 때문이다."

4. 선교적 언어이기 때문이다

우리는 이미 앞에서 음악 속에 있는 선교적 기능 중에 여러 번 강조된 것이 음악의 언어적 기능임을 확인했었다. 선교에 있어 가장 중요한 요소 중 하나가 바로 언어이다. 선교현장에서 언어소통이 되지 않는 선교사의 선교사역은 그 과정이 매끄러울 수 없다. 설사 이루어진다 하더라도 그 효과는 그리

---

[67] Steve Miller, *The Contemporary Christian Music Debate: Worldly Compromise or Agent of Renewal?* (Waynesboro, Georgia: OM literature, 1993), p. 1.

크지 않다. 특별히 지역, 문화, 언어가 다른 해외 선교의 경우 언어의 중요성은 두말할 필요가 없다.[68] 그래서 추천된 선교도구가 우리가 이미 앞에서 이미 살펴보았듯이 음악이었다. 왜냐하면 선교현장에서 언어가 가지고 있는 한계점과 어려움을 해소해 주고, 보완해 주며, 채워 줄 수 있는 새로운 선교적 도구가 바로 음악이기 때문이다. 그래서 조숙자 교수는 모름지기 해외의 선교사가 갖추어야 할 은사 중에 음악적 감각도 포함됨을 다음과 같이 말한다.

> 복음을 전달하고 받는다고 하는 것은 주고받는 사람 사이에 발생하는 인격적인 접촉이다. 이런 접촉은 지성적인 요소를 매체로 해서 성립될 뿐만 아니라 감성적인 매체를 통해서도 이루어져야만 균형이 잡히는 것이다.[69]

> 외국 선교사들이 외국어를 익혀야 하듯이 그곳의 음악을 잘 알고 익혀서 그곳 사람들에게 가장 친숙한 음률을 통해 복음을 전달할 수 있도록 모든 준비를 갖추어야 한층 효과적으로 임무를 수행하게 될 것이다. 이것이야말로 새로운 선교 전략이라고 할 수 있겠다.[70]

그렇다면 가장 기본적인 질문을 던져보자. "음악과 언어는 서로 어떤 관계가 있는가?" 그 질문에 우리는 간단히 "음악은 음률을 지닌 일종의 만국통상 언어(an international language)"라고 대답할 수 있다.[71] 그러나 우리들의 궁금증은 여기서 끝나지 않는다. 이러한 대답은 다음 질문을 유발시킨다. "그렇다면 왜 음악이 언어인가?", "음악의 어떤 면이 언어로 작용하는가?", "음악과 언

---

68) Harold R. Cook, *Missionary Life and Work* (Chicago: Moody Press, 1959), pp. 41, 294.
69) 조숙자, "音樂과 宣敎," 『기독교사상』, p. 157.
70) 위의 책, p. 164.
71) Barry Liesch, *The New Worship: Straight Talk on Music and the Church, Expanded Edition* (Grand Rapids, Michigan: Baker Books, 2002), p. 180.

어 사이에는 어떤 공통분모가 있는가?" 이 질문에 대한 해답은 음악과 언어 사이에 있는 접촉점(a point of contact)을 찾아봄으로써 분명해진다. 그 접촉점은 음악과 언어 둘 다 동일하게 "하나의 소리"(a sound)로서 "의사소통의 매개체"(a communicative vehicle)로 자리매김을 하고 있다는 데 있다.[72] 한마디로, "음악이란 … 소리를 재료로 하여 인간의 사상과 감정을 표현하는 예술의 한 분야"[73]이다. 그래서 음악언어학자 프리스(S. Frith) 교수와 선교학자 찰스 크래프트 박사는 음악이 바로 언어 소리임을 다음과 같이 말한다.

> 음악은 항상 하나의 연주이며 개개인은 항상 자신의 어투로 가사를 말하고 듣는다. 그래서 음악은 시라기보다는 차라리 연극에 가깝다. 단지 의미론적으로가 아니라 감정을 드러내는 직접적인 기호와 특징을 보여 주는 소리 구성으로 의미를 전달하는 가사는 말이나 연설로 기능한다.[74]

> 일단 우리가 언어에 대해서 논할 때, 우리는 언어가 소리임을 주목해야 한다. … 구술 언어(spoken language), 문자 언어(written language), 소리 언어(vocal language) … 우리가 언어라는 단어를 사용할 때에 그 때의 언어는 특정 사람들만이 사용하고 있는, 쓰여진 문자적 언어를 의미하는 것이 아니라 모든 사회가 소유하고 있는 "소리 의사소통 체계"(vocal communicational system) 전체를 언급하는 것이다.[75]

일단, "언어란 무엇인가?" 그 학문적 정의부터 분석해 보자. 언어를 간단히 정의하자면 "인간 상호 간의 임의적인 의사소통의 상징체계(a system of

---

72) Dan Peters & Steve Peters, *Why Knock Rock* (Minneapolis, Minnesota: Bethany House Publishers, 1984), p. 33.
73) 민은기 외 3명 공저, 『서양음악의 이해』 (서울: 예솔, 2000), p. 19.
74) S. Frith, "Why Do Songs Have Words?," in *Music for Pleasure: Essay in the Sociology of Pop*, ed., S. Frith (Cambridge: Polity, 1988), p. 120.
75) Charles H. Kraft, *Anthropology for Christian Witness*, p. 238.

arbitrary symbols) 또는 기호(a set of communicative signals)"라고 말할 수 있다.[76] 그러나 이 정의는 너무 짧고 이해하기 어렵다. 때문에 미국 루디교 컨콜디아 신학교의 선교언어학 교수인 본퀘스키(Eugene. W. Bunkowske) 목사는 그의 수업시간, "선교 의사소통: 언어와 의미"(Mission Communication: Language and Meaning)를 통하여 언어를 아래와 같이 좀 더 자세하게 정의하였다.

> 언어는 원활한 의사소통을 위하여 추상적인 의미를 확실하게 전달하는 데 쓰이는 하나의 기술적인 명제(a technical proposition)이다. 이것은 음성적인 것과 비음성적인 것(verbal and non-verbal), 비함축적인 것과 함축적인 것(denotative and connotative)을 동시에 내포하고 있다. 언어는 또한 여러 가지 형태를 가지게 되는데, 특정한 조직이나 공동체 안에서 이해되고 사용되는 일정한 말(verbal)로, 또는 쓰인 형태(written type)로, 또는 하나의 의미를 가진 상징(signed symbol)으로 나타난다.[77]

이러한 본퀘스키 교수의 정의에 따르면, 언어란 의사소통을 위한 매개체 중 하나이다. 그 과정에서 그 매개체는 다양한 형태로 실제화되어 나타나는데, 그 형태가 무엇이든지 그것은 이미 특정한 의미를 전달하기 위한 일종의 상징(a symbol)이나 의미체(a signifier)로서 그 역할을 수행한다. 이러한 정의에 기초하여 같은 신학교에서 강의하는 제임스 볼츠(James W. Voelz) 교수는 *What Does This Mean?*이라는 책을 통하여 이러한 정의를 가진 언어가 갖추어야 할 3가지 필수개념을 다음과 같이 제시했다: 그것은 바로 ① "하나의 의미화 된 메시지"(a signified message or meaning)"이고, ② "하나의 상징체"(a signifier)이

---

76) Ibid., p. 238.
77) 과목: *Mission Communication: Language and Meaning*, 학교: Concordia Theological Seminary (Fort Wayne, IN U.S.A), 교수: Eugene W. Bunkowske, 기간: 2004년 3월-5월.

며, ③ "상황"(context)[78]이다.

그렇다면, 음악은 어떠한가? 음악도 언어라면, 과연 위와 같은 3가지 언어학적 개념에 의해 하나의 독립된 언어로 입증될 수 있을까? 음악을 위에서 소개한 언어의 3가지 필수 개념에 대입하여 하나씩 살펴보자.

① 하나의 상징체(a signifier)

볼츠 교수는 하나의 상징체(a signifier)를 "인간의 오감(五感)으로 직감(直感)할 수 있는 구체적 형태의 그 무엇(a tangible physical character)이라 정의했다."[79] 그렇다면 음악은 어떠한가? 분명히 음악은 우리의 오감으로 직감할 수 있는 그 무엇이다. 음악은 특별히 가사(lyrics), 가락(melody), 박자(beat), 화음(harmony)을 통해 우리에게 하나의 상징체로서 다가온다. 그렇다면 음악은 이미 하나의 의미체 또는 상징체가 된 것이다(Music is a signifier). 결국 음악이란 리듬, 박자, 화음, 가사와 같은 구체적 형태를 빌린 하나의 의미체, 즉 언어이다.

② 의미화된 내용(a signified message)

앞에서 살펴본 하나의 상징체(a signifier)가 진정한 상징체로서의 역할을 하려면 그 속에 반드시 하나의 의미화된 메시지, 즉 내용이 있어야 한다. 볼츠 교수는 이것을 "의미화된 내용"(a signified message)이라고 정의했다.[80] 그러므로 특정한 상징체(a signifier)가 하나의 언어로써 제대로 작용하려면, 그 속에 반드시 의미화된 내용(a signified meaning or message)이 들어 있어야 한다. 그것이 없다면, 그 상징체는 더 이상 언어(language)가 아니라 단순한 소리(sound)에 불

---

78) James W. Voelz, *What Does This Mean?: Principles of Biblical Interpretation in the Postmodern World*, 2nd Ed. (St. Louis: Concordia Publication House, 1977), pp. 115-118, 155-175.
79) Ibid., p. 367.
80) Ibid., pp. 96-97.

과하다.[81] 그러므로 언어란 반드시 그 속에 의미화된 그 무엇이 있어야 한다. 그래야 그것이 진정 언어가 되는 것이다. 그럼 음악은 어떠한가? 이미 알아본 바와 같이, 음악은 하나의 상징체이다(a signifier). 음악이란 그 상징체는 그 속에 이미 작곡가에 의해 의미화된 내용(a signified meaning or message)이 들어 있다. 다시 말하면, 음악은 이미 작곡자에 의해 의도된 특정한 의미를 가지고 있는 하나의 상징체라는 것이다(Music is a signifier which has a signified meaning or message). 결국 음악은 하나의 언어라는 결론에 도달하게 된다.

③ 상황(context)

볼츠 교수는 상황(context)을 "특정한 의미를 가지고 있는 하나의 의미체(a signifier with a signified meaning or message)가 수용자(需用者: receptor)에게 전달되었을 때 수용자가 그것을 해석하는 과정에서 수용자의 해석에 결정적인 영향을 미치게 되는 정신적인(mental) 또는 물질적(material) 모든 주변조건(situation)을 뜻하는 것"[82]으로 해석했다. 그렇다면 하나의 의미화된 상징체인 음악은 어떠한가? 음악 또한 마찬가지이다. 특정한 음악은 그 음악을 듣는 수용자 또는 청취자의 상황에 따라 달라진다. 즉, 음악은 듣는 사람의 상황에 따라 다르게 들릴 수 있고, 해석될 수 있는 의미체, 즉 언어이다.[83]

이처럼 음악은 언어학의 3 가지 개념인 "의미체"(a signifier), "의미화된 메시지"(a signified message), 그리고 "상황"(context)을 다 가지고 있다. 결국 음악은 언어가 되는 것이다. 정리하면, 다음과 같다.

---

81) Allan Hart Jahsmann, *Power Beyond Words* (Saint Louis: Concordia Publishing House, 1969), p. 53.
82) James W. Voelz, *What Does This Mean?: Principles of Biblical Interpretation in the Postmodern World*, pp. 115-118.
83) Robert Park, "Reflections of Communication and Culture," in *Reader in Public Opinion and Communication*, (ed), Bernard Berelson and Morris Janowits, 2nd edition, (New York: Free Press, 1966), p. 167.

음악이란 전달자가 목적하는 하나의 의미화된 메시지를 가사, 곡조, 박자 등의 실제적 형태를 빌려 수신자에게 전달하는 하나의 언어적 의미체이다. 이때 전달된 메시지는 수신자의 상황에 의하여 영향을 받는다. 〈Music is a linguistic signifier (lyrics, melody, rhythm, and so on), which has a signified massage (intended by a musician) in a certain receptors context〉[84]

그러므로 만약 우리가 이 음악 속에 예수 그리스도의 복음을 심고, 영생의 복음을 넣어 둔다면, 그 음악은 한마디로 세상을 구원하는 "선교적 언어"로서 자리매김을 하게 된다(Music is a missiological signifier which has a missiological meaning and message). 그래서 16세기 종교개혁자이자 음악가였던 마틴 루터(Martin Luther)는 1954년에 그가 쓴 "시편 101편 강해"를 통하여 "음악은 설교처럼 하나님의 말씀을 인간들에게 전하기 위한 하나의 언어적 매개체"[85]라고 주장했다. 이러한 마틴 루터의 음악관은 그의 종교개혁에 실제로 큰 영향을 끼쳤으며, 음악을 통한 그의 개혁적 선교는 일반적인 웅변이나 설교보다 더 강했다. 심지어 루터의 적대자들까지도 그의 음악이 가지고 있는 선교적 파급효과를 무서워했을 정도이다.[86] 또한 우리가 흔히 악성(樂聖)이라고 부르는 베토벤(Beethoven)도 "음악은 단순한 소리(sound)라기보다는 어떠한 사상을 전달하기 위한 하나의 언어(a language to communicate idea)"[87]라고 표현했고, 한국의 조숙자 교수 또한 다음과 같이 주장했다.

---

84) 이 정의는 박사과정 수업을 통하여 필자 나름대로 만들어 낸 명제이다. 과목: *Mission Communication: Language and Meaning*, 학교: Concordia Theological Seminary (Fort Wayne, IN U.S.A), 교수: Eugene W. Bunkowske, 기간: 2004년 3월-5월.
85) Luther D. Reed, "Luther and Congregational Song," in *The Paper of the Hymn Society*. ed., Carl F. Price (New York: The Hymn Society of America, 1947), p. 1.
86) Millar Patrick, *The Story of the Church's Song* (Richmond, Virginia: John Knox Press, 1962), p. 76.
87) John Blacking, Music, *Culture, and Experience: Selected Papers of John Blacking* (Chicago: The University of Chicago Press, 1995), p. 36.

말을 가지고 또는 글을 써서 복음을 전달하는 것은 우리가 보통 사용하고 있는 방법이다. 그러나 인간의 언어는 천국의 메시지를 완전하게 표현할 수 없고 또한 그 메시지를 완전하게 전달할 수 없다. … 음악이라고 하는 것은 우리들의 감성을 표현할 수 있는 가장 적절한 수단이요 … 복음을 음악을 통해서 전달하고 전달받는다고 하는 것은 언어를 사용해서 그렇게 하는 것과 마찬가지로 효과가 있기 때문에 그 중요성이 강조되어야 할 것이다.[88]

아마 독자들은 "세레나데"(serenade)라는 음악형태가 어떠한 것인지 잘 알 것이다. 한 여인을 사랑하는 남자가 깊은 밤 그 여인이 잠든 방의 창가 밑에서 간절히 부르는 구애(求愛)의 노래가 바로 세레나데이다. 다시 말하면, 음악이라는 매개체를 통하여 자신의 마음을 상대편에게 전달할 때 부르는 노래인 셈이다. 이때 음악은 단순한 소리를 넘어서 하나의 의미와 뜻을 전달하기 위한 일종의 언어가 된다.[89] 그런데 그 안에 예수 그리스도의 복음을 심어 보라! 그때 그 음악은 완벽한 하나의 선교적 언어로 승화된다.

이러한 이해 속에서 음악을 설교형식으로 이해한 사람들이 있다. 미국 하워드 대학(Howard University)의 설교학 교수 에반스 크로포드(Evans E. Crawford)는 *The Hum*이라는 책을 통해 "설교학적 음악성"(Homiletical Musicality)을 강조했으며,[90] 이충범 교수(협성대학교 신학부)의 경우 "어린 시절부터 즐겨 듣던 노래들이 언제부터인지 저에게 하나님의 목소리로 들리기 시작했다."[91]라고 고백하며 "노래로 듣는 설교"를 주장했다. 정인교 교수(서울신학대학교 설교학) 또한

---

88) 조숙자, "音樂과 宣敎," 『기독교사상』, p. 156.
89) Donald P. Hustad, *Jubilate II: Church Music in Worship and Renewal* (Carol Stream, IL: Hope Publishing Company, 1993), p. 15.
90) Crawford, Evans E. *The Hum: Call and Response in African American Preaching*, Nashville: Abingdon Press: 1995. 이 책의 내용에 대한 자세한 내용분석은 필자의 책 『추적! 찬양도 설교인가?』, pp. 34-38을 참조할 것.
91) 이충범, 『노래로 듣는 설교』 (서울: 대한기독교서회, 2011), p. 6.

21세기 맞춤형 특수설교를 주장하며 음악(찬양)을 통한 찬양설교를 소개하기도 했다.[92]

필자가 경험한 개인적 사례도 그렇다. 지난 2001년 가을, 필자는 미국 시카고(Chicago)의 대형 흑인교회를 방문해서 예배를 드린 적이 여러 번 있었다. 그때 필자는 설교시간에 설교자와 청중들이 서로 주고받는 그들의 선포와 반응을 보면서 마치 음악공연장에 와 있는 듯한 느낌을 받았다. 그들이 보여 준 모든 부름과 응답은 확실히 음악처럼 들리는 설교의 억양과, 속도와 음폭과, 움직임으로부터 비롯된 것이었다. 그날의 설교는 완전한 음악은 아니었으나, 거의 음악적인 설교였다(not music itself, but almost musically). 그리고 평상시에 그들과 함께 어울려서 찬양하는 동안 필자는 그들의 찬양이 곧 설교적 효과가 있음을 확신하게 되었다. 바로 여기에 음악선교의 이유가 있다.

결국, "선교에 왜 음악이 필요한가?"
그 질문에 대한 네 번째 대답은 이렇다.
"음악은 복음을 전하기 위한 하나의 선교적 언어이기 때문이다."

5. 경험과 표현의 통로이기 때문이다 (2E)

"선교에 왜 음악이 필요한가?" 이 질문에 답하기 위해 지금까지 열거한 이유들 중에 가장 실제적이고, 현상적이며, 경험적인 이유가 바로 이것이다. - 경험과 표현의 통로(2E). 음악은 사람들에게 영향을 끼친다. 이것은 두말 할 필요가 없다.[93] 그래서 조숙자 교수는 이러한 음악의 영향력에 대해 다음과 같

---

92) 정인교, 『청중의 눈과 귀를 열어주는 특수설교』 (서울: 두란노아카데미, 2007), pp. 60-79, 84-104.
93) John Blacking, *How Musical Is Man?* (Seattle: University of Washington Press, 1973), p. 10.

이 설명했다.

성 어거스틴 같은 사람은 신앙의 깊이가 어느 정도 도달했을 때에도 교회에 가서 성가대의 찬양을 들을 때에 그 가사보다 음악 자체의 아름다움에 심취되어 버리곤 했다는 사실을 참회록에서 솔직히 고백하고 있다. 이것은 음악이라고 하는 것이 사람의 마음을 얼마나 강하게 붙잡아 놓을 수 있느냐 하는 좋은 증거라 하겠다.[94]

필자의 조사결과에 의하면, 일반적으로 이러한 음악의 강한 영향력은 대체적으로 다음의 두 가지 형태로 나타난다. 첫째는 "경험이요"(experience), 둘째는 "표현이다"(express). 그래서 필자는 개인적으로 이것을 "2E"(Two E)라고 부른다. 이것은 필자가 음악선교를 연구하는 과정에서 편의상 "경험"(experience)과 "표현"(express)이라는 각 영문의 앞 글자를 따서 만들어 낸 용어이다.[95] 그래서 스텐리 모어 교수는 "음악은 감정을 표출하고 강화시키기도 하며, 공유하는 신앙을 표현하는 통로가 되기도 한다."[96]라고 주장했는데, 어떤 경우 이러한 음악의 영향력은 음악의 기원을 설명하는 구체적인 원인이 되기도 한다.

음악의 기원에 대한 이 세 가지 이론은 음악의 속성 중에서 소통, 표현 그리고 리듬이라는 세 가지 면모를 강조하고 있다. 첫 번째 면모인 소통은 음악의 기능적 측면으로 음악사회학 혹은 음악기호학의 주제가 되며, 두 번째 면모인 표현은 음악미학의 범주이고, 마지막 리듬은 음악의 구조적 측면을 지적하는 것이다.[97]

---

94) 조숙자, "音樂과 宣敎,"『기독교사상』, p. 160.
95) 참고하라. CTS-Diss, pp. 220-222.
96) Stanley Moore, "Strategies for Music in Missions," in *Missiology*, p. 560.
97) 민은기 외 3명 공저, 『서양음악의 이해』(서울: 예솔, 2000), p. 23.

여기서도 역시 제시되는 음악의 영향력은 "표현과 경험"(2E)이다. 이처럼 사람들은 음악을 통해 그 무엇인가를 경험하며, 음악을 통해 그 무엇인가를 표현한다. 특별히 젊은 청소년의 경우 이러한 "2E"의 사례가 강하게 나타난다. 그들은 실로 음악을 통해 굉장히 깊은 영향을 받는다.[98] 그래서 스티브 피터스(Steve Peters)와 마크 리틀톤(Mark Littleton)은 "만약 우리가 오늘날 기독청년들에게 미치는 음악의 영향력에 대해 제대로 이해하지 못한다면, 우리는 다음세대와 연결될 수 있는 그 모든 값진 길을 다 잃어버리게 될 것이다."[99]라고 말한바 있다. 또한 청소년 문화 연구가 스튜어트 브리스코(Stuart Briscoe)도 "청년들이 부르는 노래, 쓰는 글, 생각하는 방법은 그들을 이해함에 있어 매우 중요하다. 특별히 음악은 그것을 확실히 말해 준다."[100]라고 주장한다. 특별히 다니엘 다힐링(Daniel F. Dahling)은 자신이 사역하고 있는 목회현장의 현실(미국 루터교 교회)을 아래와 같이 묘사하며 음악(CCM에 기초하여)이 기독청년들에게 끼친 영향력에 대해 다음과 같이 설명한다.

> 근래까지 CCM은 환영과 비난의 소리를 동시에 들으며 여기까지 왔다. 비록 이러한 형태의 음악이 현재까지 우리가 사용해 오던 루터교 성가처럼 공식적인 예배 음악이 되지 못하지만, 어떤 경우의 CCM은 우리 루터교 젊은 신앙인들을 위해 매우 다양한 구조 속에 받아들여지고 있다. 그 이유는 하나이다. CCM은 젊은이들을 자극하고 동시에 그들로 하여금 교회의 한 구성원으로 느끼게 할 만큼 그 영향력이 강하기 때문이다.[101]

---

98) 석정화, 「CCM의 성격과 그 수용에 관한 고찰: 청소년에 미치는 영향에 대한 연구」 (미간행 신학석사 학위논문, 경희대학교 교육대학원, 1988), pp. 49-68.
99) Steve Peters and Mark Littleton, *Truth about Rock: Shattering the Myth of Harmless Music* (Minneapolis, Minnesota: Bethany House Publishers, 1998), p. 52.
100) Stuart Briscoe, *Where Was the Church When the Youth Exploded?* (Grand Rapids, Michigan: Zondervan Publishing House, 1972), p. 39.
101) Daniel F. Dahling, "*An Analysis of Comtemporary Popular Christian Music*" (M. Div Diss., Concordia Theological Seminary, 1983), p. 3.

때문에, 필자는 이러한 청소년 선교의 현실적 필요와 현상에 깊은 관심을 가지고 이 부분에 대하여 나름대로 현장조사(field research)를 실시한 바 있는데, 그 조사결과는 매우 흥미로웠다.[102] 그 조사를 통하여 필자가 발견한 것 중 하나는 대부분의 기독청년들이 음악을 들으면서 공통적으로 다음과 같은 두 가지 현상이 일어남을 인정하고 있다는 사실이다. ① 자신들이 음악을 통해 그 무엇인가를 "경험"(experience)하고 있다는 것이요, ② 음악을 통해 그 무엇인가를 "표현"(express)하고 있다는 점이다. 결국 이러한 리서치 결과는 필자가 앞에서 말했던 "2E"가 재검증, 재확인된 셈이다.

그렇다면 이것을 선교적 입장에서 적용해서 한번 생각해 보자. 우리는 여기서 음악이란 선교대상으로 하여금 "2E"를 불러일으키게 하는 가장 영향력이 있는 요소 중 하나임을 재확인하게 된다. 다시 말하자면, 대부분의 사람들은 음악을 통해 하나님의 은혜를 경험하며(experience), 음악을 통해 하나님께 신앙고백을 표현할 수 있다(express)는 말이다(2E). 그렇다면 음악이야말로 선교의 확실한 도구가 아니겠는가?

---

102) 필자가 실행한 리서치의 종류, 구조, 원리, 기간, 대상과 참여자, 방법, 과정은 다음과 같다. 리서치 종류는 〈John W. Creswell, *Qualitative Inquiry and Research Design: Choosing Among Five Traditions*, London: SAGE, 1988.〉에 소개된 5가지 리서치 종류 중 하나인 "현상학적 리서치"(a phenomenological research)였다. 리서치 구조는 〈Booth, Wayne C, Colomb, Gregory and G, Williams, Joseph, *The Craft of Research*, Chicago: The University of Chicago Press, 2003〉의 내용을 따랐다. 리서치 원리는 〈Pike, Alfred. *A Phenomenological Analysis of Musical Experience and Other Related Essays*, New York: St. John's University Press, 1970〉를 참고했다. 리서치 기간은 필자가 한국을 잠시 방문한 2006년 7월부터 8월까지의 두 달간이었고 장소는 서울이었다. 리서치 대상과 참여자(samples)는 서울에 살고 있는 15명의 기독청년들로서 이들의 나이, 신앙연대, 성별, 교단, 학력수준은 필자가 선정한 리서치 기준에 맞추어 나름대로 엄격하게 결정되었다. 리서치 방법은 "현장관찰"(a participant observation)과 "직접상담"(face-to-face interviews)을 병행한 두 가지 방법이었다. "현장관찰"의 경우는 필자가 각각 따로 약속을 정하여 이들과 함께 CCM(CWM) 예배에 참석해 그들이 만들어 내는 현상을 현장에서 조사했으며, 이 과정에서 필자는 특정한 현상을 사진으로 담기도 하고, 글로 남기기도 했다. "직접상담"의 경우는 필자가 이들을 두 달 동안 각각 일주일에 한 번씩 만나 자유로운 질의응답(質疑應答)을 하면서 진행되었다. 이 과정에서 선택된 15명의 기독청년들은 일주일간 CCM을 듣고 연주하면서 경험했던 실생활의 모든 현상을 일기(a daily journal)로 적어야 했으며, 필자를 만날 때에 그 일기를 가지고 오게 되어 있었다. 당연히 "직접상담"은 그들이 적은 일기에 기초하였다. 그러므로 필자가 얻은 가장 중요한 리서치 결과물은 기독청년들이 제공한 말과 글이다. 이렇게 해서 얻어진 정보(말과 글: data, descriptions)는 필자에 의해 "5가지 경험통로"의 측면에 맞추어 새롭게 항목화(categorize)되었고, 이렇게 항목화된 정보는 필자에 의해 다시금 재분석되어 CCM의 영향력에 대한 나름대로의 문제점과 발견점을 제시하고 그것에 따른 선교학적 의미와 향후 현장에서 적용될 수 있는 긍정적인 전략들을 제시하였다. 자세한 내용은 필자의 논문 CTS-Diss, pp. 120-139(Chapter Three: Research Design)을 참고할 것.

사실상 선교의 목적이 무엇이고, 선교의 열매가 무엇이며, 선교의 시작과 끝이 무엇인가? 선교대상자에게 하나님을 경험하게 하고, 하나님께 표현할 수 있도록 하는 것이다. 그래서 구원의 확신을 가진 하나님의 자녀로 살도록 하는 것이다. 다시 말하자면, 선교 대상자에게 복음 안에서 이 세상에 사는 동안 "2E"를 마음껏 누릴 수 있도록 영적인 자유와 누림의 기회를 주는 것이 바로 선교이다. 그러므로 신앙생활 가운데 "2E"가 발생해야 하고, 예배 중에도 "2E"가 발생해야 한다. 우리의 신앙생활과 예배 자체가 하나님과 우리 인간이 서로 만나는 "거룩한 사건"(Holy Event)인데, 그 사건 속에 반드시 "2E"가 일어나야만 한다. "2E"가 일어나는 곳! 그곳이 바로 천국이요, 그것이 바로 하나님의 임재현상이고, 그것이 예배이며, 그것이 선교다. 그런데 지금 확인한 바와 같이 그러한 "2E"를 발생시킬 수 있는 가장 영향력 있는 매개체 중 하나가 바로 음악이다. 이것은 우리로 하여금 다시 한 번 음악선교의 이유와 필요성을 여실히 깨닫게 한다.

그렇다면 음악을 통해 이러한 "2E"가 발생하는 통로에는 어떤 것들이 있을까? "어떤 통로(channels)를 통해 우리에게 '2E'가 발생되는가?" "과연 사람들은 어떤 통로를 통해 '2E'를 인정하게 되는 것일까?" 이러한 질문들은 한마디로 음악을 통하여 "2E"를 인정하게 되는 경험통로(experiential domains of meaning for recognizing 2E through Music)에 관한 질문이다.[103]

이러한 질문에 대한 해답을 찾는 과정에서 일찍이 미국 우스터 대학(Wooster College, Ohio)의 종교 문화학 교수인 로빈 실리반(Robin Sylvan)은 *The Connection between Music and Religion*이라는 책을 통하여 음악과 관련된 8가지 경험통로를 우리에게 소개한 바 있다.[104] 또한 미국의 음악학자이자 심

---

103) CTS-Diss, pp. 8-10.
104) Sylvan, Robin, *Traces of the Spirit: The Religious Dimensions of Popular Music* (New York: New York University Press, 2002), pp. 19-44.

령치료사인 밥 라슨(Bob Larson)도 로큰롤(Rock and Roll)을 중심으로 음악이 인간에게 미치는 영향력의 통로를 크게 4가지로 구분하여 설명한 적이 있다.[105]

그래서 필자는 이 두 사람이 제시한 통로들 중에서 편의상 특별히 "2E를 위한 경험통로"와 관련될 수 있는 5가지만을 선택하여 앞에서 제시한 질문의 답을 찾아 정리해 보았다. 필자가 선택한 경험통로는 모두 5가지인데, ① 사회문화적 통로(social-cultural experiential channel), ② 상징-기호적 통로(semiological experiential channel), ③ 육체적 통로(physical experiential channel), ④ 감정적 통로(emotional experiential channel), ⑤ 영적 통로(spiritual experiential channel)이다. 그리고 사람들은 대부분 이 5가지 통로를 통해 "2E"를 발생시키고 있었다. 결국 필자는 이 조사를 통하여 음악이란 하나님께서 선택하신 모든 사람이 이 5가지의 통로를 통해 하나님의 은혜를 경험하며, 하나님께 자신의 신앙과 감사를 표현할 수 있도록 이끌 수 있는 가장 유용한 선교적 도구임을 재확인했다.[106] 그리고 바로 여기에 음악선교의 이유가 있음도 깨닫게 되었다.

결국, "선교에 왜 음악이 필요한가?"
그 질문에 대한 다섯 번째 대답은 이렇다.
"음악은 경험과 표현의 통로이기 때문이다.(2E in 5 channels)"

6. 요약정리

---

105) Bob Larson, *Rock & Roll: The Devil's Diversion* (McCook, Nebraska: Bob Larson Publisher, 1967), pp. 64-136.
106) 이 부분에 대한 자세한 조사목적, 조사방법, 조사자료, 조사과정 및 수집, 결과분석과 연구결과, 상담자료, 발견점 및 제안에 대해서는 필자의 논문과(CTS-Diss, 8-10), 필자의 책 『추적! 마틴 루터도 CCM 사역자였는가?』 (2009), pp. 188-210을 참조하라.

지금까지 필자는 "선교에 왜 음악이 필요한가?"라는 질문에 답하기 위해 모두 5가지 이유들을 소개했다. ① 하나님께서 사용하셨기 때문이다. ② 다양한 선교적 기능 때문이다. ③ 선교도구 중 하나이기 때문이다. ④ 선교적 언어이기 때문이다. ⑤ 경험과 표현의 통로이기 때문이다(2E). 마치 이에 동의하듯 스텐리 모어 교수는 선교에 음악이 사용될 수밖에 없는 이유에 대해 다음과 같이 설명한다.

> 잃어버린 세상을 향한 하나님의 마음과 우리의 사랑과 교회의 헌신을 전달하는 통로로서 음악은 사람들로 하여금 말씀에 매료되게 하며 하나님의 말씀을 향해 그들의 마음을 열고 그 말씀에 더욱더 가까이 갈 수 있도록 돕는 역할을 한다. 이처럼 음악은 복음을 전달하는 다른 방법들의 또 다른 보완책이며 전해지는 말씀에 집약적인 힘과 감정적 효과를 끼친다. 음악은 감정적으로, 육체적으로, 사회적으로, 영적으로 다양한 측면에서 각 개인과 공동체 모두에게 영향을 주는 선교적 도구로서 절대로 무시해서는 안 되는 선교적 요소이다.[107]

필자는 이 짧은 인용문 속에 이때까지 소개한 5가지 이유가 다 녹아 있다고 생각한다. 그러므로 이제 "선교에 왜 음악이 필요한가?"라는 질문은 절대로 도전적인 질문도 아니고, 엉뚱한 질문도 아니며, 심각한 논쟁을 불러일으킬 질문도 아니다. 오히려 이 질문은 하나님 나라의 확장을 위해 힘쓰고 기도하며 선교사역을 실천하고 있는 하나님이 선택하신 모든 사람들이 당연히 묻고 답해야 할 질문이다. 그러므로 이제부터 우리는 이와 같은 질문에 자신 있게 대답할 수 있어야 한다. "선교에 왜 음악이 필요한가?"

---

107) Stanley Moore, "Strategies for Music in Missions," in *Missiology*, p. 571.

2장 음악선교란 무엇인가? (what)

예수님께서 승천하시며 제자들에게 지상명령을 내리신 이후부터 지금까지 전 세계의 모든 족속과 민족을 제자화하기 위한 위대한 선교활동은 끊이지 않았다(눅 14:25-33). 그리고 새로운 21세기에 들어서면서 기독교 선교의 방법과 통로도 매우 다양해지기 시작했다(문화선교, 체육선교, 교육선교, 의료선교, 전문인선교). 그리고 이 과정에서 음악선교가 새롭게 부각되기 시작했다.[1]

오늘날 각 교회마다 음악을 통한 찬양사역의 비중이 높아지고 있으며, 예배 중 찬양인도자의 비중이 높아지고 있다. 또한 이들의 전문적인 훈련을 위해 특정 신학교에서 학위과정까지 만들었음을 볼 때, 이 모든 움직임들은 오늘날 음악선교의 부흥을 보여 주는 간접적 증거라 할 수 있다. 그러나 이것은 비단 오늘날 21세기만의 현상이 아니라, 선교활동이 시작했을 때부터 나타난 현상이었다. 그래서 미국의 사우스웨스턴 침례신학교(Southwestern Baptist Theologicla Seminary)의 선교음악학자 헌트(T. W. Hunt) 교수는 "선교는 항상 기독교 성장의 선봉장이었고, 그 과정 속에서 음악은 처음부터 그러한 성장의

---

1) Phil Kerr, *Music in Evangelism* (Glendale, California: Gospel Music Publishers, 1939), p. 89.

중심에 있었다."²라고 선언했다.

그러나 안타까운 것은 아직까지도 "음악 선교"와 "음악 선교학"에 대한 정의가 정확하게 세워지지 않았다는 점이다. 그럼에도 불구하고 이미 이러한 용어는 공식적으로 사용되고 있다. 이것이 문제이다. 이미 우리는 음악선교라는 용어를 사용하고 있는데, 정작 그 음악선교를 설명할 수 있는 정확한 정의나 그 정의를 뒷받침할 만한 이론적 배경과 훈련이 우리에게 없다. 그래서 필자는 이러한 문제점을 조금이라도 해결하고자 필자가 공부하며 나름대로 이해하고 정리한 음악선교의 정의를 여기서 소개함으로 음악선교에 대한 기본적인 이해를 돕고자 한다.³

1. 미시오 데이(Missio Dei)로 충분한가?

선교란 무엇인가? 한마디로, 선교란 성(聖) 삼위일체 되시는 하나님의 주권적인 구원사역이다(Missio Trinitatis). 그것을 신학적인 용어로 "미시오 데이" (Missio Dei: The Mission of God: 하나님의 선교)라고 한다. 그리고 그 구원사역을 위해 보냄을 받은 사람을 선교사라 부른다.⁴ 선교신학이 정립되면서부터 그동안 "선교신학의 중심개념은 무엇인가?"라는 질문을 향한 다양한 연구와 응답이 있어 왔다. 많은 세월을 거쳐 결국 제1차 세계대전 이후 선교신학의 중심개념

---

2) T. W. Hunt, *Music in Missions: Discipling Through Music* (Eugene, Oregon: Wipf and Stock Publishers, 1987), p. 11.
3) 본 장에서 소개될 모든 내용은 필자가 지난 2004년 미국 컨콜디아 신학교(Concordia Theological Seminary, IN, U.S.A)의 철학박사(Ph.D) 과정의 수업시간을 통해 얻게 된 내용이다. 수업은 인류 문화학 교수인 그레고리 클라츠(Gregory. Klotz)와 함께하며 "음악의 선교학적 이해"(Music in Evangelism) 라는 독립수업과목(An Independent Study)이었으며, 이 수업을 통하여 앞으로 소개될 내용들을 찾아냈다.
4) J. Andrew Kirk, *What Is Mission?: Theological Explorations* (Minneapolis: Fortress Press, 2002), pp. 25-33.

은 바로 "미시오 데이"라는 한 가지 개념으로 정리되었다. 그래서 오늘날 대부분의 선교학자들은 선교신학의 중심점을 "Missio Dei"라는 단어에서 찾고 있다.[5]

"Missio Dei"라는 말은 라틴어로서 글자 그대로 "하나님의 선교"를 뜻한다. 성(聖) 삼위일체 되시는 전지전능하신 하나님께서 바로 모든 선교의 시작이요, 과정이고, 끝이며, 그 선교의 주체가 되신다는 말이다.[6] 그래서 영국 버밍햄(Birmingham) 대학의 데이비스(J. G. Davies) 교수는 "Missio Dei"라는 개념에 입각하여 "선교란 선교대상(교회, 사람)에 의하여 정의되는 것이 아니라 선교의 주체이신 하나님의 주권적 뜻에 의하여 정의되어야 한다."[7]라고 주장했고, 선교신학자 데이비드 보쉬(David J. Bosch)와 저스티스 앤더슨(Justice Anderson) 또한 다음과 같이 설명했다.

> 선교는 원천적으로 그리고 궁극적으로 세상을 구원하려는 창조주이시고, 구속주이시며, 성화자(sanctifier)이신 삼위일체 하나님의 사역이며 교회는 그 사역에 동참하도록 특권을 받았다. 선교의 근원은 하나님의 마음에 있으며, 하나님께서 보내시는 사랑에 있다. 이것이 선교의 가장 깊은 근원이다. 이것보다 더 깊은 곳을 뚫

---

5) 이러한 하나님의 선교(Missio Dei)는 선교신학분야에서 아직까지도 푸대접을 받고 있는 칼빈주의(Calvinism)를 신교신학의 중심으로 이끌어 준다. 왜냐하면, "Missio Dei"나 칼빈주의나 둘 다 동일하게 "하나님의 주권"(神之主權: Sovereignty of God)을 강조하고 있기 때문이다. 차이점이 있다면, 칼빈주의는 "구원의 주권"이며 "Missio Dei"는 "선교의 주권"이다. 칼빈주의와 선교신학은 둘 다 똑같은 하나님의 주권이라는 토양(土壤)에서 자라난 나무들이다. 그런데 칼빈주의는 자라는 과정에서 "TULIP"이라는 다섯 가지를 뻗게 되었고, 선교신학은 "Missio Dei"라는 줄기를 타고 자라난 것뿐이다. 그러므로 "하나님 주권 속의 칼빈주의와 선교신학"이라는 이러한 관계성은 우리로 하여금 이른바 "칼빈주의 선교신학(Calvinistic Missiology)" 또는 "튤립 선교학(TULIP Missiology)"이라는 새로운 신학용어를 창출할 수 있도록 허락한다. 때문에 필자는 개인적으로 이 용어가 이제는 선교신학분야에서도 공식적인 용어로 사용되기를 바란다. 참고하라. 김철웅, "칼빈의 5대 강령을 통해 본 선교신학," 세계선교연구원 엮음, 『선교와 신학』 제21집 (서울: 장로회신학대학교출판부, 2008), pp. 164-191.
6) 어떤 경우 "전도"와 "선교"를 엄격하게 구분하는 경우도 있으나, 필자는 "전도"와 "선교"를 "국내사역"(전도)과 "국외사역"(선교)이라는 같은 맥락에서 이해하고, 더 나아가 "선교"를 "전도"보다 좀 더 포괄적인 개념으로 해석한다. 참고하라. David J. Bosch, *Believing in the Future: Toward a Missiology of Western Culture* (Valley Forge: Trinity Press International, 1995), p. 17. David J. Hesslegrave, *Today's Choices for Tomorrow's Mission* (Grand Rapids, MI: Zondervan Publishing House, 1990), p. 132.
7) J. G. Davies, *Worship and Mission*, 金昭暎, 洪哲華 共譯, 『禮拜와 宣敎』 (서울: 大韓基督敎書會, 1978), p. 33.

는다는 것은 불가능하다. 하나님의 사랑이 있기에 선교가 있는 것이다. … 선교가 하나님의 선교임을 인정하는 인식은 이전 세기와 관련해서 새로운 돌풍을 일으킨다(a crucial breakthrough).[8]

선교란 하나님께서 택하신 종에게 할 일을 주시고(to), 그 종을 통하여 일하시는(through) 하나님의 사역이지 종이 자기 혼자 알아서 하는 사역이 아니다. … 선교는 하나님의 사역이다. … 강조점은 하나님께 있다. 우리가 이러한 하나님의 선교를 잘 인정하면 할수록, 우리는 그 선교사역에 더 깊게 관여할 수 있다.[9]

선교학이라는 용어를 또 다른 관점에서 볼 때, 그것은 하나님의 선교에서 언급되고 있는 라틴어 미시오(missio)와 헬라어 로고스(logos)를 포함하고 있다. 그러므로 선교학이라는 용어는 하나님의 선교가 인간의 본질과 거룩한 충돌(holy collision)을 일으킬 때에 나타나는 사건을 의미한다. 그것은 인간의 본질에 하나님의 선교가 주입될 때 일어나는 역동적 결과를 묘사한다. 이것은 구원받은 인간이 하나님의 선교의 대리인(the agent)이 될 때, 하나님의 선교가 그의 선택받은 사람들에 의한 선교가 될 때 일어나는 사건을 의미한다.[10]

정리하면, 한마디로, "Missio Dei"란 죄인을 향한 하나님의 절대적인 주권적 선교사역을 강조한 신학개념이다. 그리고 교회와 사람은 그 사역을 돕기 위해 선택된 도구들이다. 그래서 선교학자 윌버트 쉔크(Wilbert R. Shenk)는 하나님의 선교신학을 확대시켜 다음과 같은 총 5가지 신학구조를 제시하

---

8) David J. Bosch, *Transforming Mission: Paradigm Shifts in Theological of Mission* (Maryknoll, New York: Orbis Books, 1993), pp. 392-393.
9) David J. Bosch, "Reflections on Biblical Models of Mission," James M. Phillips & Robert T. Coote ed., *Toward the 21st Century in Christian Mission* (Grand Rapids, Michigan: William B. Eerdmans Publishing Company, 1998), p. 184.
10) Justice Anderson, "An Overview of Missiology," in *Missiology*, ed. Terry Mark John, Smith Ebbie & Anderson Justice (Nashville, Tennessee: Broadman & Holman Publishers, 1998), p. 2.

기도 했다. 1) 하나님의 선교(Missio Dei): 근원(source), 2) 예수 그리스도: 성취 (embodiment), 3) 성령: 능력, 4) 교회: 도구, 5) 문화: 상황[11]

물론 "Misso-Dei"라는 개념이 지금과 같이 선교신학의 중심 자리를 차지하기까지는 많은 시간이 필요했다. "Missio Dei"라는 단어를 공식적으로 처음 사용한 사람은 칼 하르텐슈타인(Karl Hartenstein)이다. 그는 1933년도에 "신학적 문제로서의 선교"(Die Mission theologisches Problem)라는 글을 통하여 이 단어를 처음 사용하였다.[12] 그 뒤 게오르그 비체돔(Georg F. Vicedom) 교수가 『하나님의 선교(The Mission of God)』라는 책을 통하여 "Missio Dei"는 성삼위 하나님의 주권적 선교를 뜻한다고 주장하여 칼 하르텐슈타인이 남겨 놓은 "Missio Dei" 개념을 확고히 발전시켰다.[13] "Missio Dei"라는 개념을 통하여 선교의 주체를 하나님의 자리로 옮겨 놓은 이러한 과정은 매우 긍정적인 일이며 성서적인 변환이었다. 한마디로, "Missio Dei"의 정립은 하나님의 하나님 되심을 선언한 것이요, 특별히 하나님은 선교의 하나님임을 모든 사람에게 알린 셈이다.

그러나 여기서 필자는 이러한 질문을 던져보고 싶다. 그렇다면 "Missio Dei"만으로 충분한가? "Missio Dei"를 통하여 우리가 놓치고 있었던 하나님의 주권적 선교를 다시금 복원했다는 사실만으로 우리는 과연 만족할 수 있는가? 필자의 개인적인 대답은 "그렇지 않다!"이다. 왜냐하면, 만약 우리가 "Missio Dei"에 대한 이해를 여기서 만족한 채 그치고 만다면, 이후 발생하는 또 다른 부작용과 잘못된 적용에 우리가 적절히 대응할 수 없기 때문이다. 이런 불길한 징조를 데이비드 보쉬는 이렇게 표현했다.

---

11) Wilbert R. Shenk, "Mission Strategies," James M. Phillips & Robert T. Coote ed., *Toward the 21st Century in Christian Mission* (Grand Rapids, Michigan: William B. Eerdmans Publishing Company, 1998), pp. 221-223.
12) Karl Hartenstein, "Theologische Besinnung," *Mission zwischen Gestern und Morgen*, ed. W. Freytag (Stuttgart: Evangelischer Missionsverlag, 1952), p. 54.
13) Georg F. Vicedom, *The Mission of God*, Gilbert A. Thiele and Dennis Hilgendorf trans (Saint Louis: Concordia Theological House, 1965), pp. 4-5.

이미 살펴본 바와 같이 기독교의 선교는 하나님의 선교다(Missio Dei). … 그런데 시간이 흐름에 따라 "Missio Dei"의 개념은 변질(metamorphosis)되었다. 이제 그 용어는 인류학 분야에서 신학적 머리말에 소개될 정도로 축소되었다. 하나님은 무기력한 빈혈증(anemic)에 걸린 존재가 되었고, 선교의 주인공이자 위대한 창시자인 하나님께서 자신의 일을 하수인(ground staff)에게 맡겨 놓고 뒤로 물러나 앉아 계신 신세가 되셨다.[14]

이 모든 것이 결국엔 우리가 변경시킬 수 없는 전적인 하나님의 일이기 때문에 우리가 할 일은 전혀 없고, 그저 뒤로 물러 앉아 있어야 함을 제안하는 것은 아니다. … "Mission Dei" 속에 계신 하나님의 선교는 어떤 의미에서도 하나님께서 홀로 일하시고 우리는 그저 소극적으로 하나님께서 하시는 일만 관망하고 있어야 한다는 뜻이 아니다. … 모든 것이 하나님께서 하시는 일이라는 것을 명확히 믿는 믿음 안에서 우리는 우리에게 주어진 하나님의 사역에 대해 주저하지 않고 헌신해야 한다.[15]

그렇다면 위에 소개된 문제점을 해결하려면 어떻게 해야 하는가? 방법은 하나다. "Missio Dei"가 가지고 있는 본래의 뜻을 계속 지키면서 동시에 하나님의 선교를 돕기 위해 우리 인간에게 주어진 소명과 사명이 무엇인지를 확인하고 "Missio Dei"를 실천할 수 있는 구체적인 방법을 찾아 적용해야 한다. 예수님께서 직접 가르쳐 주신 기도에 나타난 것처럼 "이미 하늘에서 이루어진 뜻이 지금 이 땅에 이루어지도록" 우리가 해야 할 일이 무엇인지 찾는 것이다. 그러므로 이제 우리는 다음과 같이 질문해야 한다. 선교가 "Missio Dei"

---

14) David J. Bosch, *Witness to the World: the Christian Mission in Theological Perspective* (Atlanta, Georgia: John Knox Press, 1980), p. 242.
15) Ibid., pp. 243-244.

라면, 과연 어떠한 형태 속에서의 "Missio Dei"인가? 다시 말하자면, 선교가 하나님의 선교라면, 구체적으로 우리 인간의 능력 범위에서 하나님의 선교가 어떤 종류의 선교로, 어떤 형태의 선교로 진행되어야 할지 규명할 필요가 있다는 말이다. 이것은 하나님의 선교 속에 있는 우리 인간의 구체적인 활동형태를 의미 것으로 "Missio Dei"라는 명제를 우리 인간의 사역 속에서 더욱더 확고히 발전시키기 위한 작업 중 하나이다.

사실, "Missio Dei"의 선교개념은 하나님의 "구원사적 유형"에만 초점을 맞춘 나머지 하나님의 도구로 사용되는 인간의 활동이 어떤 의미를 가지며, 우리 인간이 어떠한 방법으로 하나님의 선교를 실천해야 하는지에 대한 질문을 일으켰다. 그래서 이런 문제를 해결하기 위해 "Missio Dei"를 "구원사적 유형" 외의 다른 유형으로 적용하려는 여러 가지 시도들이 있어 왔는데, 그 대표적인 것이 "약속사적 유형"과 "생명의 영의 신학"이다.[16] 이러한 흐름 속에서 필자 또한 새로운 유형을 하나 제안하려 하는데, 그것이 바로 "뮤지카 미시오 데이"(Musica-Missio Dei)이다. 즉, 하나님의 음악선교이다.

2. 뮤지카 미시오 데이(Musica-Missio Dei)

하나님의 선교활동을 하나하나 추적하려면 아마 끝도 없을 것이다. 왜냐하면 하나님의 활동은 우리 인간이 측량할 수 없는 무제한의 범위이며, 우리의 생각 범위를 넘어선 것이기 때문이다. 다만 우리는 하나님께서 은혜로 계시해 주신 특정한 범위 속에서만 그 활동내력을 추적해 볼 수 있을 뿐이다. 이러한 한계 속에서 필자는 하나님의 선교활동 중 하나가 바로 음악선교임을

---

16) 채수일, 『21세기 도전과 선교』 (서울: 대한기독교서회, 1998), pp. 89-98.

감히 주장한다. 음악을 통해 활동하시는 하나님의 선교, 한마디로 그것은 "하나님의 음악선교"(Musica-Missio Dei)이다. 이 용어는 하나님의 선교를 뜻하는 라틴어 "미시오 데이"(Missio Dei)에 음악을 뜻하는 라틴어 "뮤지카"(Musica)를 새로 첨가하여 만든 합성어이다.[17] 미국 사우스웨스턴 신학교(Southwestern Baptist Theological Seminary)의 음악선교학자 스텐리 모어(Stanley Moore)는 음악선교의 목적이 하나님 선교의 목적과 일맥상통함을 아래와 같이 설명한다.

> 선교음악의 목적에 대한 이해의 출발점은 교회를 향한 하나님의 선교를 이해하는 데서 시작한다. 하나님께서는 참된 예배자를 원하신다(요 4장). 하나님께서는 이 지구상의 모든 사람들을 전도하고 제자 삼아서 그들이 하나님께 예배하고 하나님께 영광 돌릴 수 있도록 하라고 교회에 명령하셨다. 음악선교의 목적 또한 이것과 동일해야 한다. 음악선교의 목적은 그리스도 예수의 복음을 모든 사람에게 전하고, 예수 그리스도를 주로 영접하고, 제자로 양육 받은 사람들이 마음을 다하고 목숨을 다하고 뜻을 다하고 힘을 다하여서 하나님을 사랑하게 하는 것이다(막 12:30).[18]

"Missio Dei"가 하나님의 선교라면, "Musica-Missio Dei"는 하나님의 음악선교이다. "Missio Dei"가 선교의 주체되시는 하나님을 나타내는 명제라면, "Musica-Missio Dei"는 선교의 주체이신 하나님께서 우리 인간을 통해 어떻게 음악선교를 진행하시는지 알려 주는 명제이다. 그러므로 "Musica-Missio

---

17) 음악을 뜻하는 영어단어 "뮤직"(music)은 라틴어 "뮤지카"(musica)에서 파생되었고, 라틴어 "뮤지카"는 그리스어 "뮤지케"(musike)라는 말에 그 어원을 두는데, 이것은 고대 그리스 신화에서 아폴로(Apollo) 신을 모시는 여신들인 뮤지케와 뮤사이(mousai-영어로는 muses)에 의해 주도된 인간의 모든 활동을 의미했다. 그러므로 고대 그리스의 "뮤지케"는 음악, 문학, 무용을 관장하는 "뮤사이"에 의해 의도된 인간의 모든 활동으로서, 결국 오늘날의 음악, 문학, 무용을 모두 포괄하는 넓은 개념이다. 보다 자세한 정보와 관련 사진정보에 대해서는 다음을 참고하라. 민은기 외 3명 공저, 『서양음악의 이해』(서울: 예솔, 2000), p. 20.
18) Stanley Moore, "Strategies for Music in Missions," in *Missiology*, ed. Terry Mark John, Smith Ebbie & Anderson Justice (Nashville, Tennessee: Broadman & Holman Publishers, 1998), p. 559.

Dei"는 음악을 통해 선교하시는 하나님을 뜻한다. 간절히 소망하기는 앞으로 이 "Musica-Missio Dei"라는 명제가 음악선교를 연구하며 실천하는 모든 사람들에게 매우 친근한 학문적 용어로 즐겨 사용되기를 간절히 바란다.

"Musica-Missio Dei"와 관련하여 종교개혁자 마틴 루터(Martin Luther)는 특별히 성령 하나님의 역사하심을 매우 강조하였다. 성령과 음악에 대한 마틴 루터의 이해는 1538년 그가 쓴 음악모음집(a collection of part-song)의 머리말에서 나타난다.

> 성령 하나님께서도 음악을 성령 하나님의 사역을 위한 도구로 인정하신다. 성령 하나님의 이러한 역사는 성령 하나님께서 실제적으로 음악을 통해 역사하신 역사적 사실을 성경에 기록하게 하심으로 입증이 된다. 음악을 통한 성령 하나님의 역사는 선지자와 예언자들을 통하여 이루어졌으며(예: 엘리사) … 이러한 이유 때문에 예언자들과 교부(敎父: the Fathers)들은 음악만큼 하나님의 말씀과 밀접한 관계를 지닌 것이 없음을 강조했다. … 모든 사람은 그들이 하나님의 말씀과 음악을 함께 혼용하여 하나님을 찬양할 수 있음을 깨달아야만 한다.[19]

이처럼 마틴 루터도 삼위일체 하나님께서 음악을 선용(善用)하셨음을 강조했다. 이제 하나님께서 직접 음악을 사용하셨다는 성경적 사실은 절대 부정할 수 없는 사실이다(신 31:19-22; 눅 2:8-20). 이 부분은 이미 앞 장에서 자세히 설명한 바이므로 여기서 반복하지 않겠다.

---

[19] Walter E. Buszin, *Luther On Music*, ed. Johnnes Riedel, Pamphlet Series No. 3 (St. Paul: Lutheran Society for Worship, Music and the Arts, 1958), p. 4.

3. "Five M" 정의

자! 이제 본격적으로 음악선교에 대한 이론적 정의를 내려 보자. 편의상 음악선교의 정의를 두 가지로 나누어 설명할 수 있다(짧게, 길게). 우선 음악선교의 정의를 짧게 표현하면 다음과 같다.

음악선교란 음악을 매개체로 하여 하나님의 뜻을 전하는 것이다.

그러나 이렇게 짧은 음악선교의 정의를 이해하기 위해서는 보다 길고 섬세한 분석이 필요하다. 일단, 음악선교에 대해 정의하려면 선교가 무엇인지 먼저 정의되어야 한다.

일단 선교란 무엇인가? 그 질문부터 시작해 보자.

필자는 이미 앞에서 선교란 성(聖) 삼위일체 되시는 하나님의 주권적인 구원사역임을 정의했다. 그런데 필자는 여기서 좀 더 학문적으로 접근하려 한다. 그래서 필자가 내세운 정의가 "4M" 정의다. 풀이하면, 하나님께서 당신의 선교(mission)를 위하여 사람을(missionaries) 선택하시고 그들을 보내시어 그들의 방법(missions)으로 당신의 계획을 성취하려는 모든 움직임(movement)이다. 이 문장을 살펴보면 각 명제의 앞 글자가 모두 영어 "M"자로 시작된다. 그러므로 필자가 주장하는 "4M 정의"는 각 항목(선교, 선교사, 선교방법, 선교활동)의 영문 앞 글자만 따서 부르는 것이다. 이것이 필자가 이해하고 있는 선교의 정의이다. 이것을 영어로 번역하면 다음과 같다.

The Mission could be defined as a holy movement for chosen missionaries to carry out their own missions for God's mission[20]

여기서 우리는 하나님의 선교(mission)와 인간의 선교활동들(missions)을 구분해야 한다.[21] 단수 "Mission"으로 표기되는 "선교"는 그야말로 하나님의 선교(Missio Dei)를 말한다. 그러므로 이것은 어디까지나 하나님의 주권적 은혜사역이다. 반면에 복수 "Missions"로 표기되는 "선교들"은 하나님의 주권적 뜻에 따라 움직이는 선택된 사람들의 다양한 선교활동을 뜻한다.[22] 따라서 단수 "Mission"은 하나님의 선교 전략이요(hardware), 복수 "Missions"는 하나님의 선교전략을 실천하는 전술이다(software). 그러므로 엄격하게 말해, 음악선교에 사용되는 음악 또한 소프트웨어 즉, "missions"에 속한다 할 수 있겠다.

그렇다면 음악의 정의는 어떻게 되는가? 대체 음악이란 무엇인가?

음악은 박자(rhythm), 멜로디(melody), 화성(harmony)이라는 3대 구조 속에서 그것을 일정한 법칙과 형식으로 종합하여 전달자(작곡가, 작사가)의 특정한 뜻을 수신자(청취자)에게 알리는 일종의 예술적 언어이다. 그러므로 일단, 음악은 소리(sound)이다. 특별히 3가지 요소(three elements)를 담고 있는 소리이다.[23] 박자란 길고 짧게 변화되고 반복되는 진행의 흐름이며, 멜로디란 박자에 덮인 음의 높낮이 가락이며, 화성이란 높이가 다른 2개 이상의 음이 동시에 울리는 조화를 뜻한다. 그러므로 음악이란 하나의 소리인데, 이러한 3가지 요소들 안에 나름대로의 뜻(meaningful messages)을 담고 있는 특별한 소리이다. 이러한 특별한 소리의 뜻은 물론 음악을 만드는 사람의 의도에 따라 결정된다. 그러나 그 뜻에 대한 해석은 그 음악을 듣고 있는 수신자의 개인적 혹은 집단적

---

20) 본 영문은 필자의 박사과정 수업노트에서 발췌한 것이다.
21) David J. Bosch, *Transforming Mission: Paradigm Shifts in Theological of Mission*, p. 10.
22) Gailyn Van Rheenen, *Missions: Biblical Foundations & Contemporary Strategies* (Grand Rapids, Michigan: Zondervan Publishing House, 1996), p. 20.
23) 민은기 외 3명 공저, 『서양음악의 이해』 (서울: 예솔, 2000), pp. 22-23.

상황과 문화적 배경에 따라 각각 동일하게 또는 다르게 해석된다. 어떤 사람에게는 복음(gospel)이 될 수 있고, 어떤 사람에게는 잡음(noise)이 될 수 있다.

그렇다면, 이제 음악선교에 대해서 정의해 보자. 음악선교란 무엇인가?

이미 앞에서 살펴보았듯이 음악선교를 '음악으로 선교하는 것이다!'라는 한마디 말로 쉽게 정의할 수 있다. 그러나 이러한 정의는 너무나 단순하고, 학문적 성의가 없는 누구나 다 할 수 있는 정의이다. 그래서 필자는 좀 더 학문적인 체계 속에서의 정의를 만들려 노력했고, 결국 찾아내었다. 그것이 바로 "Five M 정의"이다.

필자가 이 정의를 "Five M 정의"라고 부르는 특별한 이유가 있다. 음악선교에 대한 정의를 필자는 ① 음악(Music), ② 선교사역자(Missionary), ③ 선교방법(Missions), ④ 선교의 주체인 하나님의 뜻(Mission), 그리고 ⑤ 선교의 대상인 사람들(Men)로 구성했는데, 공통적으로 선택된 영어단어의 맨 앞 글자가 "M"으로 시작되기 때문이다. 그래서 "Five M 정의"라고 했다.

Music + Missionary + Missions + Mission + Men = "Five M"

따라서 필자가 개인적으로 정리한 "음악선교"의 정의는 다음과 같다.

음악선교란 부름 받은 선교사역자(Missionary)가 당대(當代)의 의사소통원리를 통하여 여러 가지 선교방법 중의(Missions) 하나인 음악(Music)이라는 매개체를 통해 선교의 주체되시는 하나님의 뜻(Mission)을 사람들(Men)에게 전하는 것으로 이때 사용되는 음악은 박자, 멜로디, 화성으로 구성된 하나의 예술적 언어로서 하나님이 전하시려는 특정한 계시를 담고 있는 것이다.

그렇다면 우리가 이렇게 음악선교에 대한 정의를 확립한 이상 더 나아가 "음악선교신학"에 대해서도 정의를 내릴 수 있겠다. 왜냐하면 이렇게 정의된 음악선교를 이루기 위해 부름 받은 사람들이 배우는 학문적 훈련체계가 바로 선교신학이기 때문이다. 따라서 필자가 정의하고 있는 선교신학(missiology)의 정의는 다음과 같이 표현된다.

> 복음전파의 사명을 지닌 사람들(missionaries)을 위하여 하나님의 선교(mission)를 성취하는 데 필요한 모든 분야(missions)를 배우고 익힐 수 있도록 인도하는 통합적 학문(a multi-discipline academic study)이다. 즉, 선교신학(missiology)이란 선교사(missionaires)와 선교(mission) 그리고 선교들(missions)을 통합하는 신학적 학문(academic studying)이다.

그러므로 음악선교학은 당연히 이러한 "음악선교를 수행할 수 있도록 부름 받은 사역자를 이론적이고 실질적으로 교육하고 훈련시키는 통합적 학문 과정"이라 정의해야 할 것이다. 이것을 영어로 표현하면 다음과 같다.

> Music missiology could be defined as a multi-disciplined theological reflection on the task of missions through music for missionaries to accomplish Triune God's divine purpose of mission.[24]

이때까지 필자는 음악선교의 학문적, 신학적 기반을 다지기 위한 필자 나름대로 발견한 음악선교의 정의를 제안하면서 선교의 정의, 음악의 정의, 선교신학의 정의, 음악선교학의 정의까지 소개하였다. 물론, 이것은 어디까지나 필

---

24) 본 영문은 필자의 박사과정 수업노트에서 발췌한 것이다.

자가 공부하는 가운데 찾게 된 개인적인 정의이다. 따라서 아직도 많이 다듬어야 할 부분이 있으리라 생각한다. 그러나 지금 소개한 정의는 아쉬운 대로 큰 무리 없이 사용될 수 있는 것이라 감히 생각한다. 아무쪼록, 음악선교의 길로 소명 받고, 그 사명을 감당하기 위해 기도하고 있는 사역자들에게 작은 도움이 되기를 바란다.

3장 음악선교를 어떻게 하는가? (how)

본 장에서는 음악선교의 방법론에 대해 다룰 것인데, 특별히 21세기에 새롭게 등장한 "적합화"(appropriateness)라는 선교적 관점에서 음악선교의 구체적인 방법론을 추적할 예정이다. 이를 위해 필자는 1) 음악선교의 적합화에 대해서 고찰한 뒤, 2) 음악선교의 적합화를 실천함에 있어 숙지해야 할 성서적 가르침에 대해 살펴볼 것이며(사도 바울), 3) 그 성서적 가르침에 입각하여 우리가 실천하기 위해 바라봐야 할 역사적 사례와 모범(마틴 루터)에 대해 심도 있게 추적할 예정이다.

1. 음악선교의 적합화(appropriateness)

1) 적합화란 무엇인가?

선교신학의 역사적 관점에서 볼 때, 1960년대 이후부터 오늘날 21세기까지 문화와 관련된 선교신학을 형성하기 위한 신학적 관점에 지속적인 전환(a paradigm shift)이 일어났다.[1] 이것은 선교적인 입장에서 볼 때, "확실한 복음을 어떻게 다양한 문화적 맥락에 적합하게 와 닿게 하면서도 그 절대성을 잃지 않도록 전할 수 있을까?"라는 질문과 깊은 관련이 있다.[2] 이 질문에 대한 올바른 해답을 찾기 위한 방법론적 노력의 과정을 통해 이때까지 3가지 독특한 선교신학용어들이 탄생했는데, 그 순서는 다음과 같다.

① 토착화(indigenization) ② 상황화(contextualization) ③ 적합화(appropriateness)

① 토착화(indigenization)

토착화란 19세기 선교신학자였던 헨리 벤(Henry Venn)과 루퍼스 앤더슨(Rufus Anderson)이 만들어 내고 롤랜드 알렌(Roland Allen)이 발전시킨 것으로 변하지 않는 복음을 새로운 선교지의 개척교회에 올바로 뿌리내리기 위한 "3자"(three-self: 三自)- 자전(self-propagation), 자급(self-support), 자치(self-government) 중심의 선교적 활동을 일컫는 용어이다.[3] 이것은 어디까지나 선교지의 자국민들의 자주적 신앙활동을 위한 선교활동이었다.[4] 그런데 1960년대 이후부터 토착화란 개념에 문제를 제기하는 사람들이 생겨났다.[5] 그 이유는 토착화가 오로지 인간의 문화적 부분에만 집중된 관념이기 때문에 선교지에서 발생하는 정치, 사회, 경제 등의 제반 문제에 능동적으로 선교적 대응을 할 수 없다

---

1) 홍성욱, "신학적 상황화," 한국선교신학회 엮음, 『선교학 개론』 (서울: 대한기독교서회, 2001), pp. 152-153.
2) 홍기영, 『인간의 문화와 하나님의 선교』 (서울: 대한기독교서회, 2000), pp. 201-202
3) J. Andrew Kirk, *What Is Mission?: Theological Explorations* (Minneapolis: Fortress Press, 2002), p. 89.
4) Tite Tienou, "Forming Indigenous Theologies," James M. Phillips & Robert T. Coote ed., *Toward the 21st Century in Christian Mission* (Grand Rapids, Michigan: William B. Eerdmans Publishing Company, 1998), p. 245.
5) Paul G. Hiebert, *Anthropological Insights for Missionaries* (Grand Rapids, Michigan: Baker Book House, 1985), pp. 195-196.

는 점에 있었다.[6] 그래서 새롭게 생겨난 선교용어가 바로 상황화이다. 따라서 상황화는 토착화보다 넓고 깊은 개념이며, 토착화의 단점을 보완하기 위해 뒤늦게 쓰인 용어이다.[7]

② 상황화(contextualization)

상황화란 용어는 1972년 타이완 신학자 쇼키 코(Shoki Coe)와 신학교육재단(Theological Education Fund) 소속의 그의 동료들에 의해 최초로 사용되었다. 그리고 2년 뒤인 1974년 로잔선교대회(Lausanne)에서 공식화되었다. 그때 선언된 "상황 안에서의 목회"(Ministry in Context)라는 글을 한번 살펴보자.

> 그것은(상황화-필자) 우리에게 이미 친숙한 토착화라는 의미를 가지고 있지만, 오히려 그 이상의 것까지 추구한다. 이러한 상황화는 우리가 제3세계의 상황적 특수성에 어떻게 접근해야 하는지와 관련이 있다. 반면에 토착화는 전통적인 오랜 문화에 반응하기 위한 복음적 감각용어로 사용된다.[8]

이에 기준하여, 헤셀그레이브(David J. Hesselgrave)와 에드워드 롬멘(Edward Rommen)은 상황화에 대한 여러 정의를 나열한 뒤 최종적으로 상황화를 다음과 같이 정의 내리며 결론지었다.

> 상황화란 인간의 메시지, 하나님의 사역, 말씀 그리고 그 뜻을 하나님의 계시(특

---

6) Alan R. Tippett, *Introduction to Missiology* (Pasadena, CA: William Carey Library, 1987), pp. 378-381.
7) "상황화"라는 용어 이전에 "토착화"라는 용어와 함께 쓰였던 용어들 중엔 "적응"(accommodation/adaptation), "사회"(enculturation), "문화변용"(acculturation), "지역신학"(local theology)이 있다. 이들 용어의 뜻과 사용사례 및 관련 도서정보에 대해서는 다음을 참고하라. 김영동, "상황화의 역사적 배경과 이론에 대한 신학적 고찰," 서정운 명예총장 은퇴 기념 출판위원회, 『하나님 나라와 선교』 (서울: 대한기독교서회, 2001), pp. 164-165.
8) Donald R. Jacobs, "Contextualization in Mission," James M. Phillips & Robert T. Coote ed., *Toward the 21st Century in Christian Mission* (Grand Rapids, Michigan: William B. Eerdmans Publishing Company, 1998), p. 239.

히 거룩한 성경의 가르침 속에 제시되어 있는 대로)에 충실하면서 응답자들이 처한 문화적, 실존적 상황 속에서 그들에게 의미를 지니는 방식으로 전달하려는 시도라고 간주할 수 있다.[9]

결국, 상황화란 간단히 말해서 "문화뿐만 아니라 사회, 정치, 경제적인 상황을 고려하면서 복음을 수용자에게 효과적으로 전달할 수 있도록 하기 위한 신학적 해석과 평가의 진행과정"[10]이라 할 수 있다.

그렇다면, 토착화와 상황화는 서로 어떻게 다른가? 스티븐 비반스(Stephen B. Bevans)는 토착화와 상황화를 구분하기 위해 3가지 요소(문화적 정체성, 사회적 변동, 대중 종교성)를 소개했다. 토착화는 이 3가지 요소를 감당하기에 부족하기 때문에 이를 대체하기 위한 것이 상황화라고 말하면서, 올바른 상황화를 이루기 위해서는 이 3가지를 꼭 염두에 두어야 한다고 주장한다.[11] 그러나 이러한 구분에도 불구하고, 둘의 차이점은 여전히 한마디로 딱 부러지게 설명하기 힘들다. 다행이도, 둘의 차이점을 손쉽게 한눈으로 확인할 수 있는 〈비교표〉가 있어서 그것을 소개하려 한다.[12]

상황화	토착화
상황의 모든 면 강조: 정치, 경제, 사회, 환경 등 죄와 악이 드러나는 모든 인간 삶의 영역: 부와 가난, 특권과 차별, 풍부와 모자람	문화 영역만 강조
역동적 성격	정적인 성격
현재와 미래 지향적	과거 지향적

---

9) David J. Hesselgrave and Edward Rommen, Contextualization: Meaning, Methods and Models (Grand Rapids, Michigan: Baker Books, 1989), p. 200.
10) 정홍호, "문화와 상황화," 한국복음주의 선교신학회 엮음, 『선교를 위한 문화인류학』 (서울: 이레서원 2001), p. 277.
11) Stephen B. Bevans, *Models of Contextual Theology* (New York: Orbis Books, 1992), p. 21.
12) Y. Tomatala, *Teologi Kontekstualisasi: Berteologi dalam konteks* (Jawa Timur: Yayasan Penerbit Gandum Mas, 1996), p. 9; Charles R. Taber, The World Is Too Much With Us: 'Culture' in Modern Protestant Mission (Macon, Georgia: Mercer University Press, 1991), pp. 174-177, 앞의 책, 김영동, "상황화의 역사적 배경과 이론에 대한 신학적 고찰," p. 166의 각주 10번에서 재인용함.

행동과정(열린문화 이해)과 숙고	문화에 적응(교회생활, 복음의 전달, 외적요소), 문화에 대한 닫힌 이해
선교사 파송국 '여기'와 선교지 '저기' 둘 다 초점을 둠(여기에도 혼합주의 위험 있음)	'저기'와 '외국의 선교지'에 초점
복음은 특수한 상황에 따라 전달, 신학은 구원과 조건적 예언적 성격(conditioning prophetic)을 가짐	어디에서나 복음과 신학은 동일하다는 입장
주체는 지역상황에 있는 기독교인	주체는 선교사

물론, 상황화라는 용어가 모든 선교학자들에게 모두 반갑게 받아들여진 것은 아니다. 그래서 브루스 플래밍(Bruce Fleming) 같은 선교신학자는 상황화라는 용어의 단독사용을 금지하고 그 대신 둘을 혼용하여 "상황-토착화"(context-indigenization)라는 용어로 대체 사용할 것을 제안하기도 했다.[13] 그러나 그의 용어는 대부분 사용되지 않았고 대부분의 선교학자들은 여전히 상황화라는 용어를 그대로 사용한다.[14] 왜냐하면, 리처드 마우(Ricahrd J. Mouw)가 말하듯이 "상황화는 토착화와 매우 가까운 친척(its close kin)으로 다양한 문화 속에서 해석되고 받아들여지는 복음전달법에 깊은 관심을 가진 사람들에 의해 강조되는 주제"[15]이기 때문이다. 그런데 21세기에 들어와서 토착화와 상황화를 총괄하는 새로운 신학용어가 제안되었는데, 그것이 바로 "적합화"이다.

③ 적합화(appropriateness)

폴 히버트(Paul G. Hiebert)는 다양한 문화구조 속에 절대적인 복음을 심는 과정을 "성육신적 사역"(Incarnational Ministry)이라 정의하며 그것은 단순한 상황화 그 이상의 것이어야 함을 다음과 같이 설명했다.

---
13) Bruce Fleming, *Contextualization of Theology* (Pasadena, CA: Willicam Carey Library, 1980), pp. 74, 83-87.
14) David J. Hesselgrave and Edward Rommen, *Contextualization: Meaning, Methods and Models*, p. 33
15) Richard J. Mouw, "Christian Theology and Cultural Plurality," *The Scottish Bulletin of Evangelical Theology 5* (1987, 2), p. 190.

사람들은 일반적인 복음을 인간의 특정조건 속에 구체화시키는 것을 상황화(contextualization) 내지는 문화화(inculturation)라고 부른다. 그렇게 부를 때에 그것은 단순히 역사나 과학책의 본문을 번역하는 것 이상의 의미를 담고 있다. 오히려 상황화나 문화화라는 말을 사용하는 사람들은 말씀이 지니고 있는 고유성과 거룩성 및 그 능력이 손실되지 않는 방법으로 생생히 살아 있는 복음을 인간의 문화적·사회적 환경 속에서 구체화시키는 그 이상의 것을 말하고 있는 것이다. … 그러므로 상황화 그 자체만으로는 위험하다. 지나친 상황화는 오히려 복음의 변질을 가져올 수 있기 때문이다.[16]

이 말은 우리로 하여금 상황화의 단점을 다시 한 번 확인하게 하며, 이제는 상황화보다 더 진보하고 발전된 새로운 선교사역과 용어가 필요함을 깨닫게 한다. 이러한 분위기에 맞추어, 지난 2005년 미국 풀러(Fuller) 신학교의 선교신학자 찰스 크래프트(Charles H. Kraft)는 21세기 선교신학계에 큰 전환점이 될 만한 책 한 권을 편저했는데, 책 이름은 바로 『적합한 기독교』(*Appropriate Christianity*)이다.[17] 그는 이 책을 통하여 "토착화"와 "상황화"를 모두 포괄하며, 더 나아가 이 둘의 의미를 뛰어넘는 새로운 선교용어를 제안했다. 그것은 바로 "적합화"(appropriateness)이다. 그는 이 책 속에 자신을 포함한 총 17명의 선교신학자들의 힘을 빌려 "적합화"와 관련된 총 28편의 주옥같은 논문들을 수록해 놓았다. 그중에 제18장은 현재 우리가 다루고 있는 "음악선교의 적합화"를 다룬 논문이다.[18] 이 책에서 찰스 크래프트는 "지난 수십 년에 걸쳐 많은

---

16) Paul G. Hiebert and Elois Hiebert Meneses, *Incarnational Ministry* (Grand Rapids, Michigan: Baker books, 1995), p. 370.
17) Kraft, Charles H. ed., *Appropriate Christianity*. Pasadena, California: William Carey Library, 2005.
18) 18장(음악의 적합화)에 대한 자세한 내용은 본서 뒤에서 좀 더 구체적으로 소개될 것이다. 참고하라. King, Roberta R. "Variations on a Theme of Appropriate Contextualization: Music Lessons from Africa," in *Appropriate Christianity*, ed. Kraft, Charles H. (Pasadena, California: William Carey Library, 2005), pp. 309-324.

선교신학자들이 상황화에 대해서 글도 쓰고 강의를 했음에도 불구하고 상황화 개념에 대한 그 어떤 진보나 성장도 없었다."[19]라고 진단하며, 오늘날 "상황화" 대신 "적합화"라는 용어가 필요한 이유를 다음과 같이 설명했다.

> 우리는 이때까지 토착화(indigeneity) ⋯ 상황화(contextualization), 지역화(localization), 내문화(inculturation), 성육신(incarnation)과 같은 발전된 개념을 사용해 왔다. ⋯ 그러나 필자는 아직도 이 분야에서 더 연구해야 할 부분이 많다고 믿는다. ⋯ 최근 필자는 상황화를 주제로 토의하는 대형회의에 참석했었다. 그런데 회의가 3분지 2정도 흘렀을 때, 우리는 상황화라는 한 가지 용어에 대해 서로 다른 이야기를 하고 있음을 깨닫게 되었다. 그래서 대체 상황화가 무엇을 의미하는지 정의하기 위한 소의원회가 지명되는 지경에 이르렀다. ⋯ 대부분의 사람들은 상황화라는 것은 복음을 받아들이는 사람들의 상황에 적합한 방법(appropriate)으로 표현될 수만 있다면 필수적으로 꼭 실천해야만 하는 모든 행동이라는 사실을 깨닫지 못하고 있었다. ⋯ 이러한 점에서 필자는 다소 기술적이지 않고 때로는 약간 애매할 수 있는 새로운 용어를 제안하려 한다. 이것은 우리가 상황화를 정의할 때 사용하는 용어이다. 그것은 적합한(appropriate)이란 용어이다. 만약 사람들이 이 용어의 의미를 우리에게 물어본다면, 우리는 "문화적인 상황에 적합한"것이라 답하며 동시에 ⋯ 성경에 적합한 것이라 말할 수도 있을 것이다. 우리가 추구하는 것이 적합한 기독교(appropriate Christian)인 이상 - 사회적 상황과 성경에 적합한 기독교적 표현 - 이 두 방향이 모두 적합한 것(appropriateness)이어야 한다고 왜 말 못하겠는가?[20]

---

19) Charles H. Kraft, "Why Isn't Contextualization Implemented?," in *Appropriate Christianity*, ed. Kraft, Charles H. (Pasadena, California: William Carey Library, 2005), p. 79.
20) Charles H. Kraft, "Why Appropriate?," in *Appropriate Christianity*, ed. Kraft, Charles H. (Pasadena, California: William Carey Library, 2005), pp. 3-4.

"적합한"이라는 용어를 제시할 때 그것은 과연 무엇에 적합한가?(Appropriate to what?)라는 질문을 받게 된다. … 우리의 대답은 이중적이다. … 적합한 기독교는 한편으론 성경말씀에 적합하며, 또 다른 한편으로는 주어진 문화적 상황 속에 있는 사람들에게 적합한 기독교를 말한다. … 상황화라는 용어가 우리에게 도움을 준 부분은 기독교를 수용자의 입장(the receptors' end)에서 문화적응(inculturating)을 할 수 있도록 했다는 점이다. … 그러나 우리는 상황화라는 용어를 성경적인 입장에서 사용할 수는 없다.[21]

미국 에즈버리(Asbury) 신학교의 문화인류학 교수인 더렐 화잇만(Darrell L. Whiteman) 또한 같은 책에서 "상황화를 생각할 때마다 이론과 실천 사이에는 큰 빈 공간(a huge gap)이 있다."라고 진단하며 상황화를 대신할 수 있는 용어가 적합화임을 다음과 같이 말했다.[22]

기독교가 점점 상황화됨에 따라 우리는 예수 그리스도의 마음을 가진다는 진정한 의미의 깨달음은 물론, 효과적인 제자훈련과 교회의 성장을 비롯한 교회의 다양한 문화적 증가를 기대할 수 있다. 하지만 이 책에서 사용된 용어는 [상황화가 아닌-필자] 적합한 기독교(Appropriate Christianity)이다. 결국, 이 용어는 [상황화보다-필자] 더 바람직하고 적합한 용어로 판명될 것이다. 왜냐하면 이 용어는 어떤 사람들의 걱정과 같이 상황화가 혼합주의를 가져올지도 모른다는 상황화의 부정적인 흔적은 남기지 않을 것이기 때문이다.[23]

---

21) Ibid., pp. 4-5.
22) Darrell L. Whiteman, "The Function of Appropriate Contextualization in Mission," in *Appropriate Christianity*, ed. Kraft, Charles H. (Pasadena, California: William Carey Library, 2005), p. 58.
23) Ibid., p. 65.

위에 인용된 두 사람의 말을 정리하면 이렇다. 그들이 판단할 때 토착화 내지는 상황화라는 선교용어는 성경말씀의 본질보다는 선교지의 사회문화면에 더 초점이 맞추어져 있는 반쪽짜리 용어라는 뜻이다. 그러므로 성경말씀과 함께 선교지의 사회문화면을 동시에 만족시키며 더 나아가 둘 사이의 간격을 적합하게 조절해 주는 새로운 용어가 필요한데, 그것이 바로 적합화라는 것이다. 찰스 크래프트의 경우 이것을 "양극단에 맞춘 적합한 상황화"라는 제목의 도표를 통해 설명했다.[24]

	성경(Scripture)	사회문화(Culture and Society)
문화에 초점을 둔 상황화	1 ———————————————→	1
성경과 문화에 함께 초점을 둔 적합화	1 ←———————————————→	1

표시된 바와 같이 상황화는 사회문화 쪽으로만 화살표가 되어 있지만, 적합화는 성경과 사회문화 양쪽으로 모두 화살표가 표시되어 있다. 이것이 상황화와 적합화를 구분하는 가장 큰 차이점이라 하겠다. 즉, 적합화란 말은 하나님의 말씀은 그 말씀대로 그 권위와 위치를 지키며, 동시에 사회문화에 대응해서는 그 문화에 나름대로 적합하게 적용되는 말씀의 "성육신적 선교작업"을 뜻한다.[25] 그래서 그들은 앞으로는 "토착화" 내지는 "상황화"라는 용어가 "적합화"라는 용어로 대체되어야 함을 묵시적(默示的)으로 주장하고 있는 것이다.

그래서 필자 또한 본서를 통해 음악선교의 방법론(how)을 추적하면서, 감히 "적합화"라는 용어를 채택해서 사용하려 한다. 왜냐하면 필자는 어디까지나 음악선교란 토착화와 상황화의 한계를 뛰어넘은 "적합화"를 위한 선교

---

24) Charles H. Kraft, "Why Appropriate?," in *Appropriate Christianity*, p. 5.
25) Paul G. Hiebert and Elois Hiebert Meneses, *Incarnational Ministry*, p. 18

적 활동이며, 동시에 적합화라는 용어가 예수 그리스도의 성육신적 관점에서 음악선교를 논할 수 있는 가장 적절한 용어라 생각하기 때문이다. 따라서 앞으로 본서에서 "적합화"라는 단어가 사용될 때에는 이미 그 단어 안에 "토착화" 내지는 "상황화" 같은 의미가 담겨 있음을 미리 독자들에게 알려 준다. 더 나아가 필자는 앞으로 때에 따라 "토착화" 내지는 "상황화"라는 말도 적합화라는 단어로 수정해서 표기할 예정이다. 물론, "적합화"라는 신조어(新造語)가 앞으로 얼마나 공식적으로 사람들에게 자주 쓰일지 아직까지는 의문이다.

2) 적합화가 왜 중요한가?

음악선교를 논함에 있어 적합화가 왜 중요한가? 이 질문에 대해 미국의 음악선교학자 필 컬러(Pill Kerr)는 적합화란 설교자가 하나님의 말씀을 전함에 있어 적합한 성경구절을 선택하는 것과 똑같은 과정이라고 설명하며, 음악선교사가 선교대상에 적합한 음악을 만들고 찾는 것은 마치 설교자가 설교를 위해 적합한 성경말씀의 본문을 선정하는 것만큼이나 중요한 과정이라고 주장한다.[26] 필자는 이러한 주장에 기초하여 음악선교에 있어 적합화가 중요한 이유를 총 3가지로 요약하려 한다.

① 적합화는 복음이 전파되는 모든 것과 관련이 있기 때문이다.
복음전파에 관해서 적합화는 모든 것과 관련이 있다. 이러한 이유 때문에 적합화라는 용어도 생겨난 것이고, 결국 적합화 신학도 발전한 것이다. 이러한 적합화의 관계적 중요성에 대해 헤셀그레이브와 에드워드 롬멘은 다음과

---

26) Phil Kerr, *Music in Evangelism* (Glendale, California: Gospel Music Publishers, 1939), p. 79.

같이 말한다.

> 상황화[적합화-필자]는 언어적인 동시에 비언어적이며 신학과 관련이 있다. 성경 번역, 해석과 적용, 성육신적 삶, 전도, 기독교적 교훈, 교회 개척과 성장, 교회 조직, 예배 형식 등 예수님의 지상명령을 수행해 나가는 데 수반되는 그 모든 활동과 상황화[적합화-필자]는 관련이 있다.[27]

그러므로 예수님의 지상명령을 수행해 나가는 모든 활동 가운데 당연히 음악도 적합화 과정에서는 예외일 수 없다. 특별히 문화의 세기로 일컬어지는 21세기의 선교활동에 있어 음악의 중요성은 더욱더 크다. 그러나 불행히도 최근까지 선교사들은 음악의 적합화에 대해 특별한 관심이 없었다. 과거 19세기와 20세기의 사례를 볼 때, 오랜 기간 동안 대부분의 서양 선교사들은 자신들이 선교하고 있는 제3세계 문화권의 독특성을 전혀 고려하지 않은 채 자기들 문화권에서 가져온 서양음악을 번역하려 노력했다. 때문에 선교지 사람들은 그들의 음악에 반발했으며, 음악을 통한 말씀의 전달도 성공적일 수 없었다.

그래서 이러한 문제점을 인식한 미국 사우스웨스턴 침례신학교(Southwestern Baptist Theological Seminary)의 교회음악학자 스텐리 모어 교수(Stanley Moore)는 "상황화[적합화-필자]된 교회음악의 개발은 다른 문화와 접촉이 없는 미전도종족의 선교를 위해 가장 최우선되어야 할 선교적 과제"[28]임을 강조했다. 또한 미국 루터교단 컨콜디아(Concordia) 신학교의 조엘 본퀘스키(Joel W. Bunkowske) 목사는 "교회-선교-음악"(Church-Mission-Music)이라는 그의 소논문을 통해 미국식 음악형태를 고집해 온 지금까지의 방법으로는

---

27) David J. Hesselgrave and Edward Rommen, *Contextualization: Meaning, Methods and Models*, p. 200.
28) Stanley Moore, "Strategies for Music in Missions," in *Missiology*, ed. Terry Mark John, Smith Ebbie & Anderson Justice (Nashville, Tennessee: Broadman & Holman Publishers, 1998), p. 570.

더 이상 해외 선교 상황에 좋은 효과를 낼 수 없음을 지적하고 선교할 때에는 반드시 선교지의 "문화에 적합한 음악형태"(the culturally appropriate forms)를 만들어야 한다고 주장했다.[29] 여기서 우리는 조엘 본퀘스키 목사가 "토착화"(indigenization), "상황화"(contextualizaton)란 단어를 쓰지 않고 "적합한"(appropriate)이란 용어를 선택해 사용했음에 주목해야 한다. 바로 여기에 음악선교의 적합화가 중요한 첫 번째 이유가 있다.

② 같은 음악을 향한 서로 다른 해석이 가능하기 때문이다.

현상적으로 볼 때, 똑같은 음악이라도 선교현장의 사회적 상황과 선교대상자의 문화적 입장에 따라 서로 완전히 다르게 이해되고 해석되는 경우가 있다. 따라서 선교지와 선교대상자의 문화적 상황에 적합하게 맞는 맞춤형 음악선교가 매우 중요한데, 그것을 학문적으로 "음악의 적합화 작업"(a musical work for the appropriateness)이라 한다. 스텐리 모어 교수는 계속해서 음악선교의 적합화가 중요한 두 번째 이유를 다음과 같이 주장한다.

> 음악은 타문화권을 향한 의사소통의 보편적 현상으로서 매우 광범위한 가치를 지닌다. 일단 음악은 어떤 형태이든 각각의 모든 공동체에 스며든다. 하지만 모든 문화권의 사람을 하나로 결집시키며 하나가 되도록 만드는 통일된 음악언어(musical language)는 없다. 왜냐하면 서로가 속해 있는 각각의 문화권이 다르기 때문이다. … 특정한 음악적 표현 속에 담긴 의미는 각자의 문화권에 따라 서로 다르게 이해되고, 심지어 같은 문화권 내에서도 서로 다른 이해를 낳을 때가 있다. … 음악은 일반적이거나 보편적이지도 않다. 음악이 주는 의미는 모든 문화권에 동일하게 적용되지 않는다. … 그러므로 특정 문화권의 선교사는 반드시 그 문

---

29) Joel W. Bunkowske, "Church-Mission-Music," *The Lutherans In Mission: Essays in Honor of Won Yong Ji* (Fort Wayne, IN: Concordia Theological Seminary Press, 2000), p. 146.

화권이 가지고 있는 음악형태의 의미와 음악이 문화권 속에서 어떻게 작용하고 있는지 빨리 이해해야 한다. … 가치 있는 선교를 위해 올바른 선교사가 되려면 이중 언어뿐만 아니라 이중 문화 및 이중 음악적 자질을 갖추어야 한다. 그래야 그 문화권에 맞는 적합한 음악을 만들고 구성하며 사용할 수 있다. … 타문화권 선교에서 가장 효과적인 음악적 언어는 선교 대상 공동체의 상황에 적합하게 맞는 그들의 첫 심장을 울리는 음악이다(the first heart musical language).[30]

이러한 적합화 작업의 성과는 실제 선교상황 속에서 검증되었다. 미국 존 위클리프(John Wycliffe) 선교재단의 인류음악학자 톰 에베리(Tom Avery: an ethnomusicology consultant)는 브라질의 카넬라(Canela, Brazil) 부족에게 복음을 전하며 음악선교를 했는데, 그의 보고서에 따르면, 선교지 현장에서 음악은 더 이상 모든 사람들이 믿고 있는 것처럼 일반적이고 보편적인 언어가 아니었다(not a universal language).[31] 12음표를 가지고 있는 서양인들과 달리, 카넬라 민족은 각 옥타브(octave)마다 더 많은 음표를 가진 음악구조를 가지고 있었다. 따라서 미국인들의 음악표기와 악보형태 그리고 기타(guitar)와 키보드(keyboard) 등을 사용한 연주방법은 선교지의 카넬라 부족에게는 무용지물(無用之物)이었으며, 그들에게 아무런 감동을 주지 못했다. 결국 그날의 선교집회는 거의 실패였다.[32] 이러한 문제를 파악한 톰 에베리는 곧바로 카넬라 민족의 음악을 배웠고, 그 음악구조에 따라 카넬라 부족에게 "적합한" 총 20여 곡의 새로운 찬양을 만들었다. 그랬더니 전과는 달리 놀라운 결과가 나타났는데, 며칠 사이에 수백 명의 카넬라 민족이 선교집회에 모여든 것이다. 그리고 부족인 중에 한 명은 눈물을 흘리며 선교사들에게 다음과 같이 고백했다. "예

---

30) Stanley Moore, "Strategies for Music in Missions," in *Missiology*, pp. 564-565.
31) Tom Avery, "Music of the Heart," *Mission Frontiers Bulletin* (May-August, 1996), p. 13.
32) Jack Popjes, "Music to Their Ears," *Mission Frontiers Bulletin* (May-August, 1996), p. 15.

전의 선교사들은 하나님께서 저에게 말씀하시는 성경을 주셨습니다." "그런데 톰 에베리 선교사님은 제가 하나님께 말씀드릴 수 있는 찬양을 주셨습니다."[33] 톰 에베리는 이 모습이 얼마나 감동스러웠는지 이때의 상황을 "마치 타오르는 불길 속에 휘발유를 뿌린 것과 같았다."[34]라고 묘사했다. 이러한 결과는 인도네시아 바탁 지역(Batak, Indonesia)의 음악선교에서도 일어났다. 이전에 미국식 음악형태를 가지고 선교를 했던 선교사들과 차별적으로 바탁 지역의 음악성향에 적합한 음악을 창조하여 선교했더니, 예전에 없었던 놀라운 성과가 나타났다. 그 결과 어느 한 바탁 여인은 "이제야 태어나서 처음으로 바탁 지역의 음악을 통해 예수 그리스도를 체험하고 만날 수 있었다."[35]라고 고백하기도 했다.

이 모든 것이 음악의 적합화가 중요한 학문적 이유요, 실제적 사례이다. 아무리 좋은 음악이라도 그것이 선교하는 선교지와 그 선교지의 피선교대상자의 마음과 영혼을 울리지 못한다면, 바울이 말한 것과 같이 울리는 꽹과리와 같을 수밖에 없다(고전 13:1). 왜냐하면 적합화의 노력과 정성이 빠진 선교음악 안에 사랑이 있을 수 없기 때문이다. 바로 여기에 음악선교의 적합화가 중요한 두 번째 이유가 있다.

③ 음악선교의 적합화가 가져오는 많은 선교적 혜택 때문이다.

"선교지에 맞는 적합한 음악을 선택하지 않은 선교활동은 귀한 하나님의 말씀을 마치 꿔다 놓은 보릿자루(wrapped in plastic bag)마냥 구석에 내버려 두는 꼴이다."[36]라고 비유한 미국 풀러(Fuller) 신학교의 여자 선교학 교수 러버타

---

33) Ibid., p. 15.
34) Ibid., p. 15.
35) Catherine Hodges, "The Batak Heresy," *Mission Frontiers Bulletin* (May-August, 1996), p. 16.
36) Roberta R. King, Jean Ngoya Kidula, James Krabill, and Thomas Oduro, *Music in the Life of the African Church* (Waco, Texas: Baylor University Press, 2008), p. 139.

킹(Roberta King)은 음악선교의 적합화를 통해 얻을 수 있는 12가지 혜택의 원리를 총 4가지 방향 속에서 제시했는데 하나씩 살펴보면 아래와 같다.[37]

a) 넓은 삶의 상황에서 오는 4가지 원리[38]

적합화된 음악은 선교지에서 한 사회에 속해 있는 사람들의 기독교 신앙 및 삶의 형태를 견고하게 만든다. 적합화된 음악은 문화와 문화를 거쳐 다양한 기능적 역할을 한다. 적합화된 음악은 말씀을 효과 있게 전달할 수 있는 주요 수단 중 하나이다. 음악이라는 정의는 문화를 거치며 매우 다양하게 변하므로 각 시대마다 주어진 문화적 상황에 알맞은 음악작곡과정을 경험하게 한다.

b) 음악의 적합화 단계에서 오는 4가지 원리[39]

우리는 노래를 통해 매일의 삶의 신학화를 이룰 수 있다. 우리의 믿음 또한 하나님과의 경험을 통해서 나오듯이, 음악과 노래 또한 신학적 이해를 통해 계시되는 경험을 통해서 만들어진다. 적합한 선교음악을 만들기 위한 신학적 이해의 깊이는 음악가나 작곡가의 개인 영성의 발전을 이룬다. 음악을 통해 하나님을 묘사하기 위한 적절한 노력과 개발은 신학적인 적합화를 이루는 데 있어 매우 도움이 된다.

c) 음악의 형식과 의미에서 오는 2가지 원리[40]

적합화를 위하여 단순히 옛날의 음악형태를 빌리기보다는 효과적인 의사

---

37) Roberta R. King, "Variations on a Theme of Appropriate Contextualization: Music Lessons from Africa," in *Appropriate Christianity*, ed. Kraft, Charles H. (Pasadena, California: William Carey Library, 2005), pp. 309-324.
38) Ibid., pp. 311-313.
39) Ibid., pp. 314-317.
40) Ibid., pp. 318-320.

소통에 도움이 되는 새로운 음악형태를 개발하려고 노력하게 된다. 이러한 음악의 적합화는 더욱더 음악의 질을 높이는 발전적 작업이다.

d) 다중문화환경을 위한 음악으로부터 오는 2가지 원리[41]

다중문화권은 우리로 하여금 주어진 선교지에 다양한 차원의 의미변화상황이 있음을 깨닫도록 한다. 다중문화를 위한 음악의 적합화 상황은 그들의 마음을 울리는 언어(closer to their heart)가 무엇인지 알게 한다.

두 가지 실제적인 선교사례를 살펴보자.

실제로 중국에서는 매우 어려운 박해 기간에도 꾸준히 기독교인들이 존재했다고 한다. 그 이유 중 하나가 바로 찬송가였다. 중국에는 1949년 이후 박해 기간에 지어진 1000여 곡의 찬송가가 있었는데, 이 찬송가는 중국인 기독교인들에게 적합화된 찬송가였다. 현재 중국인들이 사용하는 신편 찬송가는 1983년에 최초로 출판된 것이며, 경우에 따라 중국 전통가락과 민요로 편곡한 것도 있지만, 총 400곡 중 102곡은 중국인들의 순수 창작곡이라 한다. 1949년 이후까지 약 3천 내지 4천만의 중국 기독교인들이 중국지하교회를 통해 생존할 수 있는 원동력 중 하나는 바로 이 찬송가였다고 한다.[42]

인도네시아의 사례도 있다. 1967년 1월 4일에 세워진 압디엘(Abdiel) 신학교에 1991년 한국의 음악선교사(목사: 예장통합)들이 와서 음악선교 프로그램을 신설하고 교육시키며 선교활동을 했다. 그들의 사역은 처음에 매우 탁월했으며 좋은 평가를 받았다. 그러나 시간이 흐를수록 한 가지 아쉬운 점이 나타나

---

41) Ibid., pp. 320-321.
42) 『중국교회』 (Amity News Service), 한글판, 제11호 (1997년 5, 6월호), p. 2, David H. Adeney, 『중국선교: 교회의 대장정』 (China: The Church's Long March), 김묘경 역 (서울: 한국기독한생회, 1990), pp. 7-9, 139-165, 홍기영, 『인간의 문화와 하나님의 선교』 (서울: 대한기독교서회, 2000), pp. 217-218에서 재인용함.

기 시작했다. 그것은 바로 그들이 그 당시 현대음악에 심취해 있는 인도네시아 선교대상자의 문화에 적합하지 않은 중세 클래식 음악 중심의 선교를 펼친 것이다. 이후 현지 선교지의 학생이었던 유토모(Yunatan Krisno Utomo)는 훗날 장로회신학대학교(서울, 한국)로 유학 와서 석사과정(Th.M)으로 이 분야에 대한 공부를 한 뒤 음악선교사로 헌신하고 있다.[43] 위에 소개된 두 개의 선교현장사례는 우리에게 음악선교의 올바른 방법론의 출발점은 선교음악의 적합화에 있음을 보여 준다.

3) 적합화를 어떻게 할까?

그렇다면 음악선교에서 적합화를 어떻게 할까? 음악선교의 적합화는 음악에 선교대상자가 충분히 이해할 수 있는(make sense) 언어와 문화의 옷을 입혀 복음을 전달하는 작업이다. 그래서 그 음악을 듣는 선교대상자의 입술에서 "그래 이것은 우리에게 적합한 것이야! 정말 우리 맛이 난다. 그래 이것은 정말 내 이야기이고, 나를 위해 하는 말이야!"라는 감탄과 환희가 일어나도록 하는 신학적 해석과 평가적용의 작업과정이다.[44] 그러므로 올바른 음악의 적합화를 이루기 위해서는 복음과 선교대상자 사이를 연결하는 선교적 접촉점(a point of contact for the mission)을 빨리 발견하는 것이 중요하다.

어떠한 선교이든지 선교의 적합화 과정에는 5가지 요소가 있다. 첫째, 하나님(an initiator), 둘째, 복음(good news), 셋째, 복음의 전달자(a deliverer), 넷째, 복음의 수신자(a receptor), 다섯째, 복음전달의 매개체(a mediator)이다.[45] 이것을

---

43) Yunatan Krisno Utomo, "*A Study of Music in Mission: The Role of Musical Forms in Relation to Mission Practice in Semarang Indonesia,*" (Th. M. Diss., Presbyterian College and Theological Seminary, 2009), pp. 2, 25-29.
44) Lesslie Newbigin, *The Gospel in a Pluralist Society* (Grand Rapids, Michigan, William B. Eerdmans Publishing Company, 1989), p. 141.
45) T. W. Hunt, *Music in Missions: Discipling Through Music* (Eugene, Oregon: Wipf and Stock Publishers, 1987), pp. 46-48, 56-57.

성경 속에서 한번 찾아보자. 요한복음 4장에 예수님과 사마리아 여인의 대화가 나온다. 여기서 주체는 예수님을 보내신 하나님이시며(an initiator), 복음의 전달자(a deliverer)는 예수님이고, 복음의 내용(good news)은 영원한 생수이며, 복음의 수신자(a receptor)는 사마리아 여인이고, 복음전달의 매개체(a mediator)는 대화였으나 특별히 물에 대한 대화였다. 여기서 예수님과 사마리아 여인 사이를 묶어 준 선교적 접촉점은 바로 물이었다. 그리고 그 물의 내용을 담아 전달한 것은 대화였다. 그런데 이 성경말씀의 사건을 음악선교의 적합화라는 관점에서 방법론을 찾는다면, 음악선교에서는 그 물에 대한 내용을 음악으로 전달하는 것이다. 특별히 사마리아 여인의 문화와 삶의 형편에 "적합한 음악"으로 전달하는 것이다. 이것이 음악선교의 적합화 과정이요, 방법이다.

　미국 사우스웨스턴 침례신학교(Southwestern Baptist Theological Seminary)의 헌트(T. W. Hunt) 교수는 음악의 적합화를 위해 지켜야 할 총 5가지 원리를 제시했다. a) 주어진 문화 속에서 좋은 모든 것은 그대로 유지되어야 한다. b) 주어진 문화 속에서 분명히 악하고 잘못된 부분은 버려야 한다. c) 옳고 그름의 판단이 모호한 회색 지대(the gray area)에서는 철저히 성령님의 인도하심을 의지해야 한다. b) 음악선교사들은 철저히 주어진 상황의 배경에 의해 자신들의 메시지가 성경적으로 잘 전달될 것인지 조심히 기도하며 살펴야 한다. e) 음악선교사는 문화의 도구(음악)를 언어와 같이 의사소통을 위한 매개체로 간주해야 한다.[46]

　찰스 크래프트(Charles H. Kraft) 교수는 다음과 같은 조건을 이야기했다. a) 전달의 목적은 메시지를 이해하도록 해야 한다. b) 수신자가 메시지를 어떻게 이해하느냐가 중요하다. c) 수신자가 이해할 수 있는 문화형태로 해야 한다. d) 메시지는 수신자 지향적이어야 한다. e) 메시지가 적절한 자극을 불러일으켜

---
46) Ibid., pp. 121-122

야 한다. f) 메시지는 인격 대 인격의 바탕에서 전해져야 한다. g) 전달자, 메시지, 수신자가 같은 문화 구조 속에 있어야 한다. h) 전달자가 믿을 만한 사람으로 인식되어야 한다. i) 메시지가 수신자의 삶과 직접 관련이 있어야 한다. j) 수신자와 전달자 간에 어떤 공통분모가 있어야 한다.[47]

스텐리 모어 교수 또한 음악활용의 일반 원리 4가지를 소개했다.[48] a) 가장 추구되어야 할 것이 오로지 하나님만을 높이고 그 분께 영광 돌리는 것이다. b) 음악을 선별할 때 그 선별기준은 수신자 중심이어야 한다(receptor-oriented). c) 현지의 기독교인을 훈련시키고 그들에게 교회 안에서 음악이 가지고 있는 성경적 역할에 대해 가르쳐야 한다. d) 자기 문화권 안에서 음악이 가지고 있는 의미를 이해하고 있는 성숙된 현지 기독교인들에게 다른 음악의 적합성을 결정할 권리를 양도해 줄 수 있어야 한다.

위에 소개된 다양한 방법론들에 기초하여 우리가 얻을 수 있는 결론은 누구든지 음악선교를 하려는 사람은 음악의 적합화를 위한 선교적 초점(a missiological point of the appropriateness)을 잘 맞추어야 한다는 점이다. 그러므로 음악선교에서 선교적 초점을 잘 맞춘다는 것은 마치 검은 먹지를 태우기 위해 태양 빛을 통과시키는 "돋보기 렌즈(lense)의 수위조절"과 같은 것이다. 이 때 태양 빛을 통과시키는 돋보기의 위치 선정이 매우 중요하다. 왜냐하면, 음악선교에 있어 이 위치 선정이 바로 적합화의 단계이기 때문이다. 앞에서 살펴보았듯이, 적합화란 하나님과 주어진 선교지의 문화 모두를 연결시키고 만족시키는 과정이다.[49] 그러므로 돋보기의 위치 선정이 잘 되었다는 것은 태양빛은 태양빛대로 잘 통과되며, 먹지는 먹지대로 그 빛과 열을 잘 받아들이는 긴장상태의 최고점에 있음을 뜻한다. 태양이 먹지를 잘 태우도록 적합한 자리에

---

47) Charles H. Kraft, *Christianity in Culture and Communication Theory for Christian Witness* (Maryknoll, New York: Orbis books, 1984), pp. 147-150.
48) Stanley Moore, "Strategies for Music in Missions," in *Missiology*, p. 566.
49) Charles H. Kraft, "Why Appropriate?," in *Appropriate Christianity*, pp. 4-5.

맞춰져 있다는 뜻이다. 그리고 그렇게 맞추는 도구가 바로 돋보기 렌즈이다. 그러므로 음악선교에서 가장 성공적인 적합화란 태양빛 같이 뜨거운 하나님의 사랑과 은혜를 음악이라는 돋보기 렌즈를 통해 검은 먹지와 같은 우리의 죄악된 마음을 다 태워 버릴 수 있는 자리를 찾는 과정이라 할 수 있다. 이때 돋보기의 수위조절과 위치선정 기준은 선교음악의 적용기준과 같은 것이다. 이 돋보기의 원리가 음악을 적합화하기 위한 물리적 예증이라 할 수 있다.

2. 적합화의 성서적 가르침 - 사도 바울

그럼 이제 적합화의 성서적 근거를 한번 찾아보자. 다행히 음악선교의 적합화에 대한 성서적 가르침은 사도 바울의 글 속에 나와 있다.[50] 기독교 역사에 있어 사도 바울에 대한 연구는 매우 활발히 진행해 왔다. 그 연구의 중심은 특별히 그의 13개 편지들인데, 그 이유는 그가 남긴 13개 편지들이 바울과 직접적으로 대화할 수 있는 가장 확실한 역사적 사료(史料)이자 신약성경의 대부분을 차지하고 있는 보고(寶庫)이기 때문이다.[51]

그러면 바울은 왜 그렇게 편지를 써야 했을까? 그리고 그 편지를 오늘날 우리는 어떠한 관점에서 바라보고, 연구하고, 묵상해야 할까? 우선 필자는 바울의 편지를 선교적인 관점으로 봐야 한다고 주장한다. 왜냐하면 바울의 편지는 일차적으로 선교과정에서 선교적 필요를 느끼며 선교적 목적을 두고 쓴 편지였기 때문이다. 바울은 어디까지나 선교사였고, 선교사의 입장에서 말했

---

50) 이 부분은 필자의 글 "사도 바울의 찬양론," 『월간 신앙세계』 통권 468호 (2007. 7): pp. 48-50의 내용과, 필자의 책 『추적! 마틴 루터도 CCM 사역자였는가?』 (2009), pp. 437-449의 〈부록〉을 음악선교의 관점에서 새롭게 재증보하여 발전시킨 것임.
51) F. F. Bruce, *Paul: Apostle of the Heart Set Free* (Grand Rapids, Michigan: Wm. B. Eerdmans Publishing Co., 1998), p. 16

으며, 선교사의 입장에서 편지를 썼다.

그중에 대표적인 것이 바로 그의 대작 〈로마서〉이다. 많은 사람들이 〈로마서〉를 교리서신으로 보고, 〈로마서〉를 통해 바울의 교리적 입장과 신학적 입장을 찾아보려고 노력하지만, 그것은 〈로마서〉를 쓸 당시 바울의 입장과 선교의도를 전혀 무시한 결과이다. 물론 〈로마서〉의 내용은 교리적이고 신학적이다. 그러나 〈로마서〉의 저술 의도는 다분히 선교적이다. 〈로마서〉 외의 다른 서신들도 마찬가지다.[52]

그래서 로렌드 알렌(Roland Allen)은 이러한 이해가 "신학자 바울"에서 "선교사 바울"로서의 혁신적 전환을 이루는 과정이라고 설명했으며,[53] 20세기 바울서신 연구의 대명사인 에프 브루스(F. F. Bruce) 교수도 바울이 로마서를 쓰게 된 이유를 "로마 교회가 미리 바울 자신의 서바나 선교 방문을 준비할 수 있도록 부탁하기 위하여 자기와 자신의 신학을 조직적으로 로마 교회에 소개할 필요가 있었기 때문이다."[54]라고 설명했다. 그리고 신학자 바울에서 선교사 바울로의 혁신적 이해의 문(門)을 연 스웨덴 출신의 루터교(Lutheran) 신학자 크리스터 스탠달(Krister Stendahl)도 『유대인과 이방인 사이에 있는 바울』이라는 책에서 "로마서를 교리서신으로만 이해하는 것은 큰 잘못이며, 오히려 로마서 속에 드러난 교리적 내용은 바울의 선교적 의도를 지지하기 위한 과정에서 표출되어 나온 부산물이다."[55]라고 주장했고, 유니온 신학교의 어네스트 스카트(Ernest Findlay Scott) 교수도 『신약성경 문헌연구』에서 로마서를 설명하면서 "다른 편지들과 전혀 다른 모습과 상황에서 쓰인 로마서는 바울이 로

---

52) 이 부분에 대한 보다 자세한 학술적 내용은 필자의 책 『추적! 사도 바울의 16년』 (서울: 쿰란출판사, 2007), pp. 201-218쪽을 참고하라.
53) Roland Allen, *Missionary Methods: St. Paul's or Ours?* (London: World Dominion Press, 1960), pp. 3-9.
54) F. F. Bruce, *Paul: Apostle of the Heart Set Free* (Grand Rapids, Michigan: Wm. B. Eerdmans Publishing Co., 1998), p. 325
55) Krister Stendahl, *Paul Among Jews and Gentiles and Other Essays* (Philadelphia: Fortress, 1976), pp. 1-7.

마 교회에 자신과 자기의 신학을 소개한 뒤 서바나 지역 선교를 위한 로마 교회의 지원을 얻기 위한 목적에서 쓰인 것이다."[56]라고 해석했다. 또 존 머레이(John Murray)도 "로마서를 묵상할 때 명심해야 할 것은 내용인 교리보다는 바울의 선교적 목적과 열망이다."[57]라고 했으며, 선교신학자 데이비드 보쉬(David J. Bosch)도 바울의 선교 의도가 가장 잘 나타난 편지는 바로 로마서(15:15-21)임을 주장했다.[58] 그러므로 앞으로 바울의 편지는 선교적인 관점에서 재해석되고 재주장되어야 한다.

그렇다면, 과연 우리는 바울의 편지들을 통해 선교음악에 대한 특정한 가르침을 찾을 수 있을까? 이미 언급한 것과 같이 이때까지 바울에 대한 연구는 매우 활발하다. 그래서 더 이상 바울에 대해 연구한다는 것이 어떤 경우에는 무의미해 보일 정도로 바울 연구의 홍수 속에 우리는 살고 있다. 그러나 한번 생각해 보자! 정작 선교사 바울의 음악선교나 선교음악에 대한 연구가 있는가? 필자는 감히 없다고 말하고 싶다. 설사 간혹 있다 해도, 그것은 바울의 예배신학을 언급하면서 잠깐 소개하고 지나가는 정도였다. 그래서 바울은 이때까지 음악선교와는 전혀 상관없는 사람으로 여겨 왔다.

그러나 자세히 살펴보면 바울에게도 음악선교신학은 있었다. 그래서 헌트 교수는 바울 서신의 몇 구절을 인용하면서(고전 14:15; 엡 5:19; 골 3:16) 바울의 음악선교신학이 주후 1세기 선교활동의 시작임을 강조하기도 했다.[59] 그래서 필자는 이러한 근거를 배경으로 본장에서 바울에게도 바울 나름대로의 선교음악신학이 있었음을 입증하고, 더 나아가 그 선교음악신학이 바로 하나님께서

---

56) Ernest Findlay Scott, *The Literature of the New Testament* (New York: Columbia University Press, 1957), p. 158
57) John Murray, *The Epistle to the Romans* (Grand Rapids, Michigan: Wm. B. Eerdmans Publishing Co., 1959), p. xv.
58) David J. Bosch, *Transforming Mission: Paradigm Shifts in Theology of Mission* (Maryknoll, New York: 1993), p. 129.
59) T. W. Hunt, *Music in Missions: Discipling Through Music*, p. 11.

오늘날 우리에게 주신 새로운 음악선교방법론의 가르침의 재발견임을 강조하려 한다.

물론, 바울은 전형적인 음악선교사는 아니었다. 성경 속에서도 그가 음악을 통해 선교활동을 진행한 사례는 찾기 힘들다. 필자도 물론 그것은 인정한다. 그러나 그가 선교활동을 했던 선교사인 이상 하나님께서는 사도 바울을 통하여 음악선교를 위한 기초적인 음악선교신학은 세워놓았다고 봐야 할 것이다. 그래서 본 장에서는 선교음악 성서적 가르침을 사도 바울을 통해 추적해 보려 한다. 한마디로 사도 바울의 선교음악신학을 추적하려는 것이다.

1) 바울도 음악을 아는가?

① 바울도 음악적 감각이 있었는가?

일단, 사도 바울이 선교사였다는 점에 있어서 반대하는 사람은 아무도 없다. 실제로 바울은 신학자, 변론자, 혁명가, 사상가, 율법사이기 이전에 선교사였다. 그렇다면 그의 음악은 어떠한가? 바울도 음악을 아는가? 바울에게도 음악적 감각이 있었는가? 감히 우리는 바울도 음악선교사였다고 말할 수 있는가? 과연 바울에게 음악선교신학이 있었다고 말할 수 있는가? 이 질문에 우리는 무엇이라 답할 수 있을까?

결론적으로 말하면, 바울이 실제로 음악선교를 했느냐는 질문에 대해서는 하나님께서는 바울에게도 어느 정도의 음악적 감각을 허락하셨음을 짐작할 수 있다. 특별히 그의 편지를 보면 바울의 음악적 감각을 엿볼 수 있는데, 고린도전서 14장 7-12절까지의 말씀을 보면 바울은 여러 가지 성령의 은사에 대하여 말하고 있다. 이때 바울은 방언에 대하여 교훈하면서 특별히 소리에 대한 이야기를 한다. 그때 말(言)과 악기를 비교하며 거문고, 나팔, 혀 등을 언급한다. 특별히 음악 소리에 초점을 두고 이야기한다.

> 혹 피리나 거문고와 같이 생명 없는 것이 소리를 낼 때에 그 음의 분별을 나타내지 아니하면 피리 부는 것인지 거문고 타는 것인지 어찌 알게 되리요 만일 나팔이 분명하지 못한 소리를 내면 누가 전투를 준비하리요 이와 같이 너희도 혀로써 알아 듣기 쉬운 말을 하지 아니하면 그 말하는 것을 어찌 알리요 이는 허공에다 말하는 것이라 이같이 세상에 소리의 종류가 많으나 뜻 없는 소리는 없나니(고전 14:7-10).

확인된 바와 같이, 피리, 거문고, 나팔 등의 악기를 언급하며 소리와 말에 대해 논하고 있다. 물론 이것을 통하여서는 바울이 음악적 감각이 뛰어난 사람이었는지 아니면 그 반대였는지는 알 수 없다. 그러나 방언을 특별히 음악적 특징과 비교하여 설명한 것에 기초해 볼 때 바울이 소리로 구성된 기본 음악적 감각은 가지고 있었음을 짐작할 수 있다.

② 바울도 음악을 통해 찬양했는가?
물론, 그것은 당연하다. 이것은 논란의 여지가 없다. 이것은 더 이상의 논증과 설명이 필요 없을 만큼 너무나 확실하다. 당연히 바울도 찬양했다. 그 대표적인 예가 바로 바울이 실라와 함께 감옥에 갇혔을 때 드렸던 찬양이다. 그 찬양으로 나타난 역사는 실로 놀라웠다. 그것은 새로운 생명을 구원하는 찬양이었다.

> 한밤중에 바울과 실라가 기도하고 하나님을 찬송하매 죄수들이 듣더라(행 16:25).

이로써, 모든 것이 분명해졌다. 사도 바울도 음악을 알고 있었을 뿐만 아니라 그 음악을 통하여 하나님을 선포하며 죄인을 구원하는 찬양을 하나님께 드렸다.

2) 바울이 말한 선교음악의 특징은 무엇인가?

이 질문은 바울이 제시한 음악의 선별기준과 음악형태에 관한 것이다. 이 두 질문에 하나씩 답해 보자.

① 바울이 제시한 음악의 선별기준은 무엇인가?

하나님께서 바울을 통하여 계시해 주신 음악 선곡(選曲)에는 특별한 기준이 있었다. 그 기준은 크게 두 가지로 나뉠 수 있는데, 첫째는 찬양의 "다양성"(diversity)과 "특수성"(speciality)이며, 둘째는, "신앙 양심"이다.

첫째, 음악의 다양성과 특수성에 대해서 알아보자. 하나님께서는 바울의 편지를 통하여 예배에 모일 때 사람마다 "각각의 찬송시"가 있음을 언급하면서 음악의 다양성을 인정하셨다.

> 그런즉 형제들아 어찌할까 너희가 모일 때에 각각 찬송시도 있으며 가르치는 말씀도 있으며…(고전 14:26).

이것은 직접적으로 찬양을 말하고 있지만, 궁극적으로는 음악의 다양성을 언급한 말이다. 주후 1세기에도 지금의 21세기와 같이 서로 다른 찬송시, 즉 다양한 음악이 있었다는 말이다.[60] 이러한 상황 속에서 바울은 음악의 다

---

60) Donald P. Hustad, *Jubilate!: Church Music in the Evangelical Tradition* (Carol Stream, IL: Hope Publishing Company, 1981), pp. 88-90, 92.

양성을 인정한다. 그러면서도 바울은 "모든 것이 가하나 모든 것이 덕을 세우는 것이 아님"을 언급하며, 각각의 음악에 특별한 질서와 특수성이 있어야 함을 더불어 강조했다. 그리고 이 모든 것은 교회의 덕을 세우기 위해 품위 있고 질서 있게 적당히 하라고 권면했다.[61]

> 모든 것이 내게 가하나 다 유익한 것이 아니요 모든 것이 내게 가하나 내가 무엇에든지 얽매이지 아니하리라(고전 6:12).

> 모든 것이 가하나 모든 것이 유익한 것은 아니요 모든 것이 가하나 모든 것이 덕을 세우는 것은 아니니(고전 10:23).

> … 모든 것을 덕을 세우기 위하여 하라(고전 14:26).

> 그러므로 너희도 영적인 것을 사모하는 자인즉 교회의 덕을 세우기 위하여 그것이 풍성하기를 구하라(고전 14:12).

여기서 "덕을 세운다"는 것은 "build up the church" 또는 "strengthen church"의 뜻으로 교회를 세우고, 교회를 강하게 하며, 교회에 유익이 되도록 하는 그 모든 것을 말한다. 즉, 교회를 위하여 평화롭고, 혼란 없이, 질서 있게, 순서대로 하라는 말이다.[62] 결국, 우리가 추적하고 있는 선교음악도 이러한 기준 속에 들어간다. 바울은 음악의 다양성을 충분히 인정하면서도, 동시에 적당한 수준에서 모든 것을 질서 있게 세우는 선교음악의 특수성을 강조한

---

[61] Charles Colson, *Developing a Christian Worldview of the Christian in Today's Culture* (Wheaton, Illinois: Tyndane House, 1999), p. 287.
[62] Peter Masters, *Worship in the Melting Pot* (London: The Wakeman Trust, 2002), pp. 89-93.

것이다. 그리고 목적은 어디까지나 교회의 덕을 세우기 위함이다(strengthening of the church: NIV).[63]

그러므로 모든 시대를 포괄하는 선교음악을 위한 확실한 표준형태를 찾기는 매우 어렵다. 왜냐하면 각 시대마다 선교상황이 다르고, 음악형태도 다양하기 때문이다. 이 점에 대해 조숙자 교수는 다음과 같이 말한다.

> 개신교 찬송가의 역사를 통해서 그 음악의 스타일을 한번 살펴보자. 16세기 종교개혁 후에 나온 … 마틴 루터의 찬송가 곡조 … 칼빈의 제네바 찬송가 … 18세기 감리교 웨슬리의 찬송 … 19세기 무디와 생키의 부흥 집회에서 사용했던 복음찬송 … 20세기에 들어와서 재즈 스타일의 찬송가 … 최근에는 록(Rock) 음악 계통의 복음성가 … 앞으로는 디스코 스타일의 찬송가가 대두될 전망 … 음악이라고 하는 것은 감성적인 언어 … 그런 언어에는 방언이 있고 시대와 장소에 따라 언어가 다를 수 있는 것과 마찬가지로 감성적인 언어도 시대를 따라 말해야 하는 것은 당연하다.[64]

여기서 강조하고 있는 것은, 역사적인 의미에서 변하지 않는 복음을 시시각각으로 변하는 각 시대에 능동적으로 전파하고 전달하기 위해서는 선교음악형태 자체가 고체화되거나 획일화될 수 없다는 점이다. 그 반대로 오히려 선교음악은 유동적이야 하고 융통성이 있어야 한다. 한마디로, 지금 바울이 말한 대로 다양성과 특수성의 기준 속에 있어야 한다는 뜻이다. 또한 위에서 살펴본 바울의 주장은 성경에 기록된 것인 만큼 바로 하나님의 주장인 것이다. 그렇다면 선교음악의 선곡도 이러한 바울의 선곡기준(다양성과 특수성)에서

---

63) Phil Kerr, *Music in Evangelism* (Glendale, California: Gospel Music Publishers, 1939), p. 74.
64) 조숙자, "音樂과 宣敎," 『기독교사상』 통권 251호 (1979, 5): p. 156.

평가될 수 있어야 한다.[65]

둘째, 신앙 양심이다. 하나님께서는 바울의 편지를 통하여 우리 각자의 신앙 양심과 다른 사람과의 관계 속에서 주어지는 신앙 양심의 조화를 다음과 같이 말씀하셨다.

> 불신자 중 누가 너희를 청할 때에 너희가 가고자 하거든 너희 앞에 차려 놓은 것은 무엇이든지 양심을 위하여 묻지 말고 먹으라 누가 너희에게 이것이 제물이라 말하거든 알게 한 자와 그 양심을 위하여 먹지 말라 내가 말한 양심은 너희의 것이 아니요 남의 것이니 어찌하여 내 자유가 남의 양심으로 말미암아 판단을 받으리요.(고전 10:27-29).

> 내가 주 예수 안에서 알고 확신하노니 무엇이든지 스스로 속된 것이 없으되 다만 속되게 여기는 그 사람에게는 속되니라(롬 14:14).

> 그러나 이 지식은 모든 사람에게 있는 것은 아니므로 어떤 이들은 지금까지 우상에 대한 습관이 있어 우상의 제물로 알고 먹는 고로 그들의 양심이 약하여지고 더러워지느니라 음식은 우리를 하나님 앞에 내세우지 못하나니 우리가 먹지 않는다고 해서 더 못사는 것도 아니고 먹는다고 해서 더 잘사는 것도 아니니라(고전 8:7-8).

물론 여기 인용된 모든 말씀은 선교음악형태에 대한 직접적인 가르침은 아니다. 어디까지나 이것은 우상에 바친 제물을 향한 기독교인의 올바른 행동 기준을 제시한 가르침이다. 그러나 우리가 이 가르침 중에서 우상에 대한 주

---

65) William Baird, *The Corinthian Church-A Biblical Approach to Urban Culture* (New York, Nashville: Abingdon Press, 1964), pp. 79-80.

제를 음악형태로 바꾸어서 해석하면 신앙 양심에 따라 선별하는 선교음악형태의 올바른 기준을 찾아낼 수 있다.[66]

예를 들면 다음과 같은 기준이다. 만약 당신이 자신의 개인 신앙 양심에 비추어 볼 때 특별한 문제가 없다면, 어떤 음악형태의 찬양이라도 당신에게는 가능하다. 왜냐하면 내 자유가 다른 사람의 양심으로 말미암아 판단 받을 필요가 없기 때문이다. 그러나 만약 당신 옆의 누군가가 그 음악이 부정한 것이라고 생각하는 사람이 있다면, 그 사람 앞에서는 당신이 그러한 형태의 찬양을 부르고 듣는 것에 대하여 주의할 필요가 있다. 왜냐하면 일단 그 사람이 부정하다고 생각하는 한 그 사람에게 있어 그 음악형태는 부정한 것이 되기 때문이다. 또 만약 당신이 특정한 형태의 곡조를 좋아한다면, 그것을 누가 작곡했든지 그것을 묻지 않고 상관하지 않는 것이 좋다. 그리고 그 음악으로 말미암아 신앙 양심에 좋지 않은 결과를 초래할 만한 다른 사람에게는 그것에 대하여 물어보거나 서로 대화를 주고받을 필요는 없다. 즉, 개인적으로 선호하는 음악형태에 대하여 자신이 아무런 신앙 양심의 가책과 두려움이 없다면, 얼마든지 그것은 자기 자신에게 허용될 수 있고 그것에 대하여 다른 사람과 의논하거나 토론할 필요가 없지만, 특별히 다른 사람이나 공동체와 연결될 때에는 주의할 필요가 있음을 가르쳐 준다. 이것 또한 선교음악을 선곡함에 있어 명심해야 할 성경의 가르침이다.

② 바울이 제시한 찬양의 구체적인 형태는 무엇인가?

그렇다면 과연 하나님께서 바울을 통하여 계시하신 "다양성 속에서 특수성"을 잃지 않는 선교음악이란 어떤 것인가? 그것은 구체적으로 어떤 형태의 선교음악을 말하는 것인가? 이 질문에 대한 대답 역시 바울의 편지 중 두 곳

---

[66] Barry Liesch, *The New Worship: Straight Talk on Music and the Church, Expanded Edition* (Grand Rapids, Michigan: Baker Books, 2002), pp. 189-190.

에 계시되어 있다(에베소서 5장 19절, 골로새서 3장 16절).

시와 찬송과 신령한 노래들로 서로 화답하며 너희의 마음으로 주께 노래하며 찬송하며(엡 5:19).

그리스도의 말씀이 너희 속에 풍성히 거하여 모든 지혜로 피차 가르치며 권면하고 시와 찬송과 신령한 노래를 부르며 감사하는 마음으로 하나님을 찬양하고(골 3:16).

흔히 『에베소서』와 『골로새서』를 쌍둥이 서신이라 한다. 마치 그것을 증명이라도 하듯 위에 제시된 2개의 성경구절에는 "시"(psalms), "찬송"(hymns), "신령한 노래"(spiritual songs)라는 단어가 똑같이 등장한다. 그러나 이 두 구절은 전체 문맥을 살펴볼 때 서로의 강조점이 다르다.[67] 『에베소서』의 경우, 주어진 본문의 앞뒤 말씀을 함께 보면 "시와 찬송과 신령한 노래"가 성령충만의 결과와 표징으로 언급됨을 확인할 수 있다(15절-21절). 『에베소서』의 말씀은 성령의 충만함을 받아 그 성령의 감동 속에서 감사의 마음을 담아 시와 찬송과 신령한 노래를 부르라는 바울의 권면이다.[68] 『골로새서』의 경우는 주어진 본문 말씀을 보면 "시와 찬송과 신령한 노래"가 말씀충만의 결과와 표징으로 언급됨을 확인할 수 있다. 『골로새서』는 말씀의 충만함을 받아 그 말씀 위에서 감사의 마음을 담아 "시와 찬송과 신령한 노래"를 부르라는 바울의 권면이다.[69] 그러므로 같은 시와 찬미와 신령한 노래를 말하고 있다고

---

67) 『에베소서』와 『골로새서』를 비교해 볼 때, 『골로새서』에 나오는 낱말의 3분지 1정도가 『에베소서』에 그대로 나오며, 『에베소서』의 155절 중 73절이 『골로새서』에 나온다. 그러면서도 둘 사이에는 약간의 변화와 차이점이 있는데, 이러한 변화는 시간이 흐름에 따라 나타나는 바울의 신앙적 성숙과 진보의 결과로 볼 수도 있다. 참고하라. 김철웅, 『추적! 사도 바울의 16년』, 서울: 쿰란출판사, 2007.
68) D. Martyn Lloyd-Jones, *Singing to the Lord* (Wales: Bryntirion Press, 2003), pp. 7-8.
69) T. W. Hunt, *Music in Missions: Discipling Through Music*, p. 45.

해도 『에베소서』의 경우는 성령충만의 관점에서, 『골로새서』의 경우는 말씀충만의 관점에서 말하고 있다. 그러나 이러한 차이점에도 불구하고 이 두 구절은 음악선교를 위한 성서적 가르침의 한 부분이 될 수 있다.[70] 조숙자 교수는 다음과 같이 말한다.

> 인도의 시인 타골의 말과 같이 "음악은 인간의 감정을 언어가 그치는 데서부터 시작하여 표현할 수 없는 것을 표현하는 것"이다. 사도 바울은 골로새서 3장 16절 [에베소서 5장 19절- 필자 주]에서 "시와 찬미와 신령한 노래로 서로 가르치고 권면하라."고 하였다.[71]

이러한 바울의 표현 가운데 우리가 눈여겨보아야 할 3가지 공통적인 음악 형태요소가 나온다. 바로 "시", "찬송", "신령한 노래"이다. 이 3가지는 하나님께서 바울을 통하여 계시하신 선교음악의 3대 형태이다.[72] 그러나 안타깝게도 바울은 이 3가지 요소가 구체적으로 어떤 것인지 자세히 설명해 놓지 않았다. 때문에 이때까지 이것과 관련된 수많은 논쟁이 있었다. 물론 이러한 논쟁은 앞으로도 계속될 것이다.[73] 그래서 미국 이스턴 대학(Eastern College)의 음악선교학 콜빗(J. Nathan Corbitt) 교수는 이러한 상황을 다음과 같이 설명한다.

> "시"와 "찬송"과 "신령한 노래"라는 이 3가지 용어만큼 목사, 신학자, 교단, 음악가들 사이에서 논쟁의 대상이 되며, 분열의 원인이 되었던 것은 없을 것이다. 어떤 기독교인들은 이것을 완전히 문자적으로 해석하여 시편이란 오직 영감된 글

---

70) Charles H. Kraft, *Anthropology for Christian Witness*, p. 255.
71) 조숙자, "音樂과 宣敎," 『기독교사상』, p. 157.
72) Donald P. Hustad, *Jubilate II: Church Music in Worship and Renewal* (Carol Stream, IL: Hope Publishing Company, 1993), pp. 146-148.
73) Donald P. Hustad, "Doxology: a Biblical Triad," *Ex Auditu*, Vol. 8, (1992): pp. 1-21.

자(divinely inspired texts)만을 의미한다고 주장하고, 다른 기독교인들은 이것들이 영의 신비스러운 노래와 방언(glossolalia)이라고 말하며, 또 다른 기독교인들은 오늘날에 만들어진 모든 기독교 음악이라고 주장한다.[74]

그렇다면, 왜 바울은 이 3가지 찬양의 형태를 말하면서 구체적인 설명을 하지 않았을까? 에곤 벨레스(Egon Wellesz) 교수의 주장처럼 아마 짐작하기는 그 당시 바울의 편지를 받아 읽는 사람들은 이미 이것들이 무엇인지 분명히 알고 있었을 것이다. 그래서 바울은 수신자들이 이미 알고 있는 사항에 대하여 자세한 설명을 덧붙일 필요가 없었을지도 모른다.[75] 하지만 이러한 충분치 못한 사실에도 불구하고, 이 3가지 요소가 1세기 교회에서 사용된 음악형태였다는 점에는 특별한 의견 차이가 없다. 그러므로 이 3가지 형태가 그 당시 1세기에 유행했던 찬양의 서로 다른 3가지 형태라는 점에서는 거의 모든 학자들이 동일한 결론을 내린다.[76] 이것을 바울 신학자 헤르만 리더보스(Herman Ridderbos)는 다음과 같이 설명한다.

> 바울 서신을 살펴보면, 여러 형태의 말씀사역 속에 낭독, 예언, 가르침, 세례와 성찬 등이 있는데, 이와 덧붙여 특별히 우리는 바울 서신들에서부터 "시"와 "찬송"과 "신령한 노래"를 부르는 것이 예배모임의 구성요소로 언급된 것을 볼 수 있다 (골 3:16; 엡 5:19). 비록 우리가 이러한 찬양들의 구체적인 내용이나 성격에 관해 더 상세한 정보를 갖지 않는다 해도 -개인들인 신자가 준비하여 교회에서 그것을 불렀는지(고전 14:26), 아니면 전 회중이 불렀는지- 여기에서 분명한 것은 교회에 성도

---

74) J. Nathan Corbitt, *The Sound of the Harvest: Music's Mission in Church and Culture* (Grand Rapids, Michigan: Baker Book, 1998), p. 258.
75) Egon Wellesz, "Early Christian Music," 2, in *The New Oxford History of Music*, Vol. II, ed., Dom Anselm Hughes (London: Oxford University Press, 1954), p. 53.
76) Barry Liesch, *The New Worship: Straight Talk on Music and the Church*, Expanded Edition, pp. 37-52.

들이 함께 모일 때 이 노래들이 찬양으로 불렸다는 사실이다. "시편들"을 구약의 시편으로 생각하지 않는다면, "시" "찬미"와 "신령한 노래" 같은 칭호까지도 엄밀히 구분될 수 없을 것이다.[77]

그렇다면 과연 하나님께서 바울을 통하여 적어 놓으신 찬양의 3가지 형태가 오늘날 21세기 선교음악의 관점에서 우리에게 의미하는 바는 각각 무엇일까? 이제부터 그것을 한번 추적해 보자.

a) 시(psalms)

마틴 로이드 존스(D. Martyn Lloyd-Jones)는 다음과 같이 풀이한다.

> 시(paslm)라는 히브리 단어는 "손으로 줄을 잡아당긴다 또는 뜯는다(plucking he strings)"라는 말에서 유래했다. 그래서 대부분의 히브리어 전문가들은 이 단어가 음악적 악기와 함께 맞추어 부르기 위해 만들어진 경건한 노래(a sacred song)라는 데 거의 동의하고 있다. 그래서 이 단어는 (매우 그 자체가 흥미로운 것이지만) 하프(harp)나 수금(lute) 같은 악기 연주에 맞추어 부르도록 만들어진 성경의 시편에 기록된 특정한 시 형태를 일컫는 말로 쓰이게 되었다. 바울이 19절에서 "시"(psalms)라고 말할 때, 그것은 성경 가운데, 시편을 언급하고 있을 가능성이 있다.[78]

나단 콜빗 교수도 다음과 같이 해석한다.

> 시편은 교회 안에서 신성시되는 것이며 영적인 감동을 받은 것으로 여겨지고 있

---

77) Herman Ridderbos, *Paulus: Ontwerp van zijn theologie*, trans., John Richard De Witt, *Paul: An Outline of His Theology* (Grand Rapids, Michigan: William B. Eerdmans Publishing Company, 1975), p. 485.
78) D. Martyn Lloyd-Jones, *Singing to the Lord*, pp. 11-12.

다(divinely inspired). 이러한 이유 때문에, 음악의 주요 형식과 양태가 자주 변하는 것에 비하여 시편의 가사 내용은 좀처럼 바뀌거나 변형되지 않는다. 대표적인 경우가 칼빈인데, 그에게 있어 시편은 찬양으로 받아들여질 만한 유일한 음악형태였다.[79]

그러므로 여기서 바울이 말하는 "시"는 "찬양의 가사내용"(lyrics & message)을 의미한다고 볼 수 있다. 즉, 모든 찬양의 가사는 시편과 같은 성경말씀이거나, 또는 성경말씀에 기초한 것이거나, 아니면 성경말씀의 계시에 위배되지 않는 것이어야 함을 말하고 있는 것이다.[80] 이것은 찬양의 가사는 시편가사만을 사용한다고 주장한 존 칼빈(John Calvin)의 찬양신학이 그대로 반영된 해석이다.[81] 칼빈의 말을 직접 들어보자.

> 바울 사도가 모든 회중이 마음과 입으로 찬양하는 것은 좋은 것이라고 가르친 것과 초대교회의 모범에 따라 우리가 교회에서 시편을 찬양할 수 있기를 소망한다. 우리가 시편을 통해 찬양 드리기 전에는 그 유익과 혜택이 얼마나 큰지 알 수 없다. 오늘날 가톨릭 교회에서 드리는 기도는 너무 차갑고 창피하며 복잡하기까지 하다. … 가톨릭 교황이 진정한 영의 찬양을 왜곡시킴으로 찬양을 통해 모든 성도들이 받아야 할 위로와 혜택을 완전히 빼앗아 버렸다.[82]

하지만 우리는 우리의 귀가 가사에 숨겨진 영적인 의미보다 곡조(melody)에 더 끌

---

79) J. Nathan Corbitt, *The Sound of the Harvest: Music's Mission in Church and Culture*, p. 262.
80) Geoffrey Wainwright, *Doxology: The Praise of God in Worship, Doctrine, and Life* (New York: Oxford University Press, 1980), p. 210-211.
81) John Calvin, *Institutes of the Christian Religion III*, trans, Ford Lewis Battles (Philadelphia: The Westminster Press, 1990), chapter 20, No. 31 (Church Singing), John Calvin, "Letter to the Reader (1542)," Ford Lewis Battles trans., "The Form of Prayers and Songs of the Church," *Calvin Theological Journal*, Vol., 15, (April, 1980-November 1980): p. 160-165.
82) J. K. S. Reid ed, *Calvin: Theological Treatises*, Library of Christian Classic (The Westminster Press, 2000), p. 53.

리게 될 경우를 매우 조심해야 한다. 어거스틴(Augustine) 또한 이러한 위험성을 염려하여 어떤 때에는 아타나시우스(Athanasius)가 지켰던 관습을 그대로 확립해 나가기를 소망했다. 아타나시우스는 음성에 굴절을 적게 사용해서 노래를 하기보다는 마치 말하는 것처럼 들리도록 규정했다. 그러나 노래에서 받는 유익이 많은 것을 생각하고 어거스틴은 다른 쪽으로 기울어졌다. 그러므로 이러한 적절함이 지켜진다면 찬양을 부르는 것은 확실히 대단하고 거룩하며 유익한 일이다. 그러나 귀에 감미로운 느낌과 즐거움을 위해 만든 찬양은 교회의 위엄에 적합하지 않은 것이며, 반드시 하나님을 몹시 불쾌하게 만드는 잡음이 될 것이다.[83]

단순히 사람들이 집에서 또는 식탁에서 즐기기 위해 만든 음악과 하나님의 임재를 노래하는 시편(the Psalms) 사이에는 큰 차이가 있다. … 그 어느 누구도 하나님으로부터가 아니고서는 훌륭한 찬양을 만들 수도 없으며 부를 수도 없다는 어거스틴의 말은 정확히 옳다. … 따라서 우리는 성령님께서 다윗에게 직접 나타나셔서 말씀하고 만들도록 하신 다윗의 시편보다 더 적당하고 좋은 찬양 곡을 다른 곳에서 찾을 수 없다. 그러므로 우리는 그것을 찬양으로 해야 한다.[84]

바로 여기에 칼빈이 특별히 시편(詩篇)을 통한 찬양만을 고집한 이유가 있다. 그래서 그는 제한적으로 시편만을 인정하여 오로지 시편 가사를 이용한 "시편찬송가"(Geneva Psalter)만 교회음악으로 사용하였던 것이다.[85]

이처럼 바울이 말하고 있는 "시"란 찬양함에 있어 그 찬양의 가사가 철저

---

83) John Calvin, *Institutes of the Christian Religion III*, trans. Ford Lewis Battles (Philadelphia: The Westminster Press, 1990), chapter 20, No. 31 (Church Singing).
84) John Calvin, "Letter to the Reader (1542)," Ford Lewis Battles trans., "The Form of Prayers and Songs of the Church," *Calvin Theological Journal*, Vol., 15, (April, 1980-November 1980): pp. 163-164.
85) Charles P. St-Onge, "Music, Worship, and Martin Luther," *LOGIA: A Journal of Lutheran Theology*, Vol. XIII, No. 2, (2004): p. 39.

한 성령님의 영감(divinely inspired)에 의한 것이어야 함을 의미한다.[86] 그리고 칼빈이 그 말씀대로 사역했음을 알 수 있다.[87] 결국, "시"란 바로 찬양이 가지고 있는 영적 가사 내용과 관련된 부분이라 할 수 있다.

b) 찬송(hymns)

마틴 로이드 존스는 다음과 같이 풀이한다.

> 찬송(a hymn)이라는 단어는 기본적으로 하나님께 영광을 돌리는 경건한 노래, 성스럽고 시적인 작품을 의미한다. 위대한 어거스틴의 경우 찬송이란 반드시 하나님께만 영광 돌리기 위해 노래해야 하는 것이라 정의했다. 그리고 이러한 정의는 이때까지 통상적으로 찬양이라는 단어를 정의하는 개념으로 받아들여졌다. 많은 사람들은 신약시대 찬송에 속하는 노래들이 초대교회 성도들에게 가르쳐졌다고 말한다. … 아마도 찬양의 한 부분(fragment)이었을 것이다. 한 가지 분명한 것은 초대교회의 기독교인들이 이러한 찬송을 불렀다는 점이다.[88]

나단 콜빗 교수는 다음과 같이 해석한다.

> 찬송이란 사람에 의해 작곡된 음악형태이다(a humanly composed song). … 초대교

---

86) Walter A. Elwell ed., *Baker Encyclopaedia of the Bible* (Grand Rapids: Baker Books, 1988), p. 1052.
87) 그러나 오로지 칼빈만이 시편가를 만들어 부른 것은 아니다. 마틴 루터 또한 시편가를 만들어 불렀다. 그러나 둘 사이에는 큰 차이점이 있다. 칼빈은 철저히 성경말씀과 동일한 가사내용을 강조하는 동시에 악기의 사용을 금지했다. 그러나 마틴 루터는 가사의 직접적인 표현이 시편의 말씀과 약간 다르더라도 그 주요 의미가 시편의 내용을 전달하고 있다면 별 문제가 될 것 없다는 입장이었고 악기 사용도 무척 자유로웠다. "내 주는 강한 성이요(시편 46편)"라는 찬양도 이러한 작곡법 속에서 탄생한 시편찬양이다. 이러한 마틴 루터의 입장은 1523년 그가 그의 친구인 조지 스팔라틴(George Spalatin)에게 써서 보낸 그의 작곡의뢰 편지에 잘 나타나 있다. 참고하라. LW 53: 221, Richard C. Resch, "Luthetr's Hymns, Part II: The Psalms, Canticles, and Newly Composed Hymns," ed., Daniel Zager, *Luther on Liturgy and Hymns* (Fort Wayne, IN: Concordia Theological Seminary Press, 2006), pp. 79-81.
88) D. Martyn Lloyd-Jones, *Singing to the Lord*, pp. 12-13.

회의 찬양은 고대 그리스의 음악형태를 빌려 사용했다. 그것은 오늘날 기독교인들이 사용하고 있는 화음과는 다른 것이다. 초대교회 시절에는 화음 같은 것을 사용하지 않았다. … 이러한 새로운 찬양의 혁신과 개조(new innovations)는 다양한 언어와 음악형식 그리고 문화적 상황 때문에 생겨난 것이다.[89]

그렇다면 여기서 말하고 있는 찬송이란 대체 무엇인가? 특별히 사람에 의해 만들어진 그 무엇이라는 말은 어떤 의미인가? 새로운 찬양의 혁신과 개조는 또 무슨 말인가? 일단 우리는 여기서 말하고 있는 형태가 구체적으로 어떤 것인지 확실히 알 수 없다. 그러나 한 가지 확실한 것은 그 형태가 분명히 사람에 의해 만들어진 가변적(可變的) 형태라는 점이다. 그러므로 여기서 바울이 말하는 "찬송"은 "찬양의 다양한 형식"(style & genre)을 의미할 수 있다. 일단 성령님의 영감으로 지어진 "시"가 있다. 이것을 음악으로 전달하고 표현하기 위해서는 사람에 의해 만들어진 특별한 음악형식이 있어야 하는데, 그것이 곧 찬송이 되는 것이다. 왜냐하면 그 찬송이라는 틀 속에 성령님이 주신 가사 내용이 담겨 있기 때문이다. 물론, 이러한 바울의 가르침과 동일선상에 있는 사역을 한 사람은 마틴 루터이다. 이 말씀에 입각한 마틴 루터의 음악선교사역에 대해서는 뒷부분에서 더 자세히 다룰 것이다.

c) 신령한 노래(spiritual songs)

마틴 로이드 존스는 다음과 같이 풀이한다.

시편에 관해서 말할 때 우리는 굳이 '신령한 시편'이라 말할 필요가 없다. 왜냐하면, 시편의 정의 자체가 바로 신령한 노래이기 때문이다. 찬송에 대해서도 마찬가

---

89) J. Nathan Corbitt, *The Sound of the Harvest: Music's Mission in Church and Culture*, p. 263.

지이다. … 그것들에 '신령하다, 경건하다'는 수식어를 더할 필요가 없다. … 바울이 말하고 있는 '신령한 노래들'은 무엇인가? 그는 지금 성령충만한 사람들에 대해서 말하고 있다(그것이 본 절의 핵심이다). 그러므로 '신령한 노래'는 반드시 성령의 감동으로 만들어진 노래여야 한다. 성령의 감동을 받은 영적인 사람에 의해서 만들어지고 영적인 내용을 담고 있는 노래여야 한다. … 어떤 노래가 신령한 노래인가? 그것은 성령의 감동으로 마음에서 저절로 터져 나오는 영적폭발(the natural outburst)의 표현이다.[90]

나단 콜빗 교수도 다음과 같이 해석한다.

우리는 지금 신약성경에서 바울이 말하고 있는 "신령한 노래"가 무엇인지 정확히 알 수 없다. 그러나 몇몇 학자들은 아래와 같이 주장한다. 첫 번째는, 성령 안에서 부르는 노래(songs sung "in the Spirit") … 두 번째는 짧은 합창(short choruses)과 같은 것이다.[91]

여기서 "영적폭발", "성령 안에서 부르는 노래"와 같은 표현은 무엇을 의미하는가? 그것은 "신령한 노래"가 가지고 있는 그 노래 자체로서의 영적가치와 힘 그리고 그 노래가 사람들에게 전달해 주는 거부할 수 없는 "영적 영향력"(a spiritual impact)을 의미한다. 한마디로, 그 노래가 가지고 있는 영적 영향력이다. 그래서 바울 자신도 영과 마음으로 찬양함을 고백했던 것이다.

그러면 어떻게 할까 내가 영으로 기도하고 또 마음으로 기도하며 내가 영으로

---

90) D. Martyn Lloyd-Jones, *Singing to the Lord*, p. 13.
91) J. Nathan Corbitt, *The Sound of the Harvest: Music's Mission in Church and Culture*, pp. 263-264.

찬송하고 또 마음으로 찬송하리라(고전 14:15).

즉, 모든 찬양은 성령의 감동을 받은 사람이 만든 곡으로, 성령의 감동으로 인해, 성령과 함께 찬양함으로, 주변 사람들에게 영적 영향력을 줄 수 있는 것이어야 한다. 모름지기 찬양이 진정한 찬양이 되려면 영적으로 이러한 긍정적인 영향력을 끼치는 신령한 곡조여야 함을 강조하는 것이다.

지금까지 "시"(psalms), "찬송"(hymns), "신령한 노래"(spiritual songs)에 대해 고찰해 봤는데, 결국 하나님께서 바울을 통하여 계시하신 음악의 3대 형태를 간단히 정리하여 요약하면 아래와 같다.

- 시(psalms): 찬양의 가사 - 내적 영감의 요소
- 찬송(hymns): 찬양의 음악형태 - 외적 표현의 요소
- 신령한 노래(spiritual songs): 찬양의 영적 영향력 - 결과와 열매

정리하자면, 하나님께서 바울을 통하여 계시하신 선교음악이란, 시편과 같은 성경말씀의 가사내용(psalms)에 입각해 작곡한 일종의 음악형태(hymns)로서 확실한 영적 영향력(spiritual songs)을 불러일으키는 모든 것이다.

3) 선교음악을 위한 성서적 가르침은 무엇인가?

자! 그럼 이제 이러한 바울의 선교음악신학을 오늘날 음악선교의 관점에 비추어 한번 살펴보자. 추적한 바와 같이, 바울은 찬양에 대하여 모든 것을 교회의 덕이 되기 위한 것에 기준을 두고, 신앙의 "양심"에 따라 "다양성 속에서의 특수성"을 유지하도록 권면했다(고전 14:26,40). 그리고 그 찬양의 구체적

인 형태로는 "시"(psalms), "찬송"(hymns), "신령한 노래"(spiritual songs) 3가지를 언급했다.

일찍이 마틴 로이드 존스는 이러한 바울의 가르침에 입각하여 오늘날 우리가 실천하고 적용해야 할 음악선교학적 측면을 다음과 같이 3가지로 정리했다. 1) 가사가 중요하다(Words first), 2) 감정주의를 조심하라(emotionalism), 3) 모두 함께 찬양하라(Let all the people sing).[92] 그러므로 결국, 바울의 글을 통해 알 수 있는 21세기의 선교음악을 위한 성서적 가르침은 다음과 같이 정리될 수 있겠다.

> 선교를 위해 음악을 사용하되 그 선교음악이 선교사의 신앙의 "양심"에 따라 선교지의 "다양성과 특수성"이 고려된 음악이어야 하며, 동시에 전달되는 "가사"(psalms)와 그 가사를 담은 "음악형태"(hymns)가 그 선교대상에게 "영적 영향력"(spiritual songs)을 나타낼 수 있어야 한다.

이를 위해 첫째, 우리는 음악으로 선교할 때마다 그 음악의 가사가 전하고 있는 근본 내용을 성경말씀에 두어야 한다. 그러므로 당연히 음악선교는 또 다른 형식의 말씀 선포이며, 하나님 계시의 수단임을 잊지 말아야 한다(신 31:19,22,30; 눅 2:8-14).[93] 둘째, 음악선교를 함에 있어 그 선교지와 선교대상자의 다양하고 특수한 문화적 상황과 형편에 맞는 선교음악을 재창출하고 그곳에 맞는 맞춤형 음악능력을 습득할 필요가 있다. 셋째, 우리는 음악선교에 임함에 있어 일단 모든 음악을 하나님의 영광이라는 관점에서 바라보고 시작해야 한다(사 43:21). 넷째, 우리는 음악이 선교현장에서 긍정적인 영적 영향력이 나타

---

92) D. Martyn Lloyd-Jones, *Singing to the Lord*, pp. 33-41.
93) 음악이 가지는 말씀선포의 역할과 그 가치에 대해서는 필자의 책 『추적! 찬양도 설교인가?』 (2011), pp. 24-53을 참고하라.

나도록 성령님의 도우심을 항상 구해야 한다. 긍정적인 찬양의 영적 영향력이 나타나도록 도움을 구해야 할 것이다. 이것만 잘 지켜진다면, 음악선교의 적합화를 위한 성서적 기준을 잘 지킨 것이 된다.

3. 적합화의 역사적 실천 - 마틴 루터

미국의 음악선교학자 필 컬러(Phil Kerr)는 음악선교의 역사를 총 네 시기로 나누어 논하면서 역사 속의 다양한 음악선교학자들과 찬양사역자들을 소개하였는데, 클레멘트(Clement), 터툴리안(Tertullian), 익나티우스(Ignatius), 암브로스(Ambrose), 그레고리(Gregory), 버나드(Bernard of Clairvaux), 프란시스(Francis), 후스(John Huss), 루터(Martin Luther), 칼빈(John Calvin), 왓츠(Isaac Watts), 웨슬리 형제(Wesley) 등이다. 그중에서 가장 두드러진 음악선교의 역사적 사례는 마틴 루터이다.[94] 그래서 필자는 음악선교의 역사적 실천사례로 마틴 루터를 추적해 보려 한다. 우선 관련된 3권의 책을 먼저 소개하려 한다. 왜냐하면 지금 소개하는 3권의 책이 없었다면, 음악선교의 역사적 사례로 마틴 루터를 소개하는 일은 매우 어렵거나 불가능했기 때문이다. 그만큼 이 책들은 그 속에 담고 있는 내용뿐만 아니라 그 분량과 부피에 있어서도 500페이지 이상 되는 대작(大作)이다. 그러나 안타깝게도 3권의 책 모두 아직 한글로 번역되지 않았다(2012년 현재).[95]

---

94) Phil Kerr, *Music in Evangelism* (Glendale, California: Gospel Music Publishers, 1939), pp. 45-72.
95) 지금 소개할 두 책 외에도 필자의 책 『추적! 마틴 루터도 CCM 사역자였는가?』(2009), pp. 223-400 까지의 내용 중 음악선교를 설명함에 있어 필요한 부분은 필자의 책에서 직접 선별해 그대로 재인용한 경우가 있음을 미리 밝혀 둔다.

① 마틴 루터는 선교사였는가?

이 질문에 대한 대답이, 안 아펠(Ean Apel)이 영어로 번역한 *Luther and World Mission*이라는 책 속에 들어 있다.[96] 이 책은 마틴 루터가 종교개혁자임과 동시에 선교활동을 실천한 실제 선교사였음을 그의 설교, 주석, 강의, 편지 등을 통해 입증하고 있다. 특별히 그의 선교신학에 중점을 두고 그가 어떻게 선교사역을 했는지 설명하고 있는데, 독일인 선교, 유대인 선교, 이슬람 선교를 대표적인 사례로 꼽았다. 따라서 필자는 이 책의 내용을 바탕으로 마틴 루터가 선교사였음을 재확인할 것이다.

② 마틴 루터는 음악가였는가?

이 질문에 대한 대답은 로빈 리버(Robin A Leaver)의 *Luther's Liturgical Music: Principles and Implications*라는 책 속에 들어 있다.[97] 이 책은 마틴 루터가 신학자이고 종교개혁자이기 전에 음악을 사랑한 음악가임을 그의 생애뿐만 아니라 그의 음악신학과 철학 그리고 음악활동을 통해 구체적으로 입증하고 있다. 따라서 필자는 이 책의 내용을 바탕으로 마틴 루터가 음악가였음을 재확인할 것이다.

③ 마틴 루터는 음악선교사였는가?

이 질문에 대한 대답은 미국 컨콜디아(Concordia) 신학교의 은퇴교수인 유진 본쿼스키(Eugene W. Bunkowsky)가 편집한 *The Lutherans In Mission*이라는 책에 들어 있다.[98] 이 책은 한국인 루터교 목사 지원용 교수를 기념하기 위해

---

96) Oberg, Ingemar. Luther och varldsmissionen, Dean Apel trans., *Luther and World Mission*, Saint Louis: Concordia Publishing House, 2007.
97) Leaver, Robin A. *Luther's Liturgical Music: Principles and Implications*, Grand Rapids, Michigan: William B. Eerdmans Publishing Company, 2007.
98) Bunkowske, Eugene W. *The Lutherans In Mission: Essays in Honor of Won Yong Ji*. Fort Wayne, IN: Concordia Theological Seminary Press, 2000.

편집한 논문집으로 총 15명이 넘는 루터교 교수들이 쓴 각각의 논문들을 모아 놓은 것이다. 〈루터와 선교〉, 〈루터교와 선교〉, 〈신학과 선교〉, 〈선교와 목회의 실천〉이라는 총 4개의 구조를 지니고 있는데, 루터와 선교 사이의 상관관계성에 대해 종합적이고 전반적인 정보를 얻기에 매우 유용한 책이다.

결국 필자는 위에서 소개한 3권의 주장과 내용을 염두에 두고 다음 3가지 것들을 재확인하려 한다. 첫째, 마틴 루터는 선교사인 동시에 음악가였으며 음악가인 동시에 선교사였음을 주장함으로 결국 마틴 루터는 음악선교사였음을 재확인할 것이며 둘째, 그가 어떻게 음악선교를 실천했는지를 그의 음악신학과 그가 만든 코랄을 통해 살펴봄으로써 그가 "음악선교의 적합화"를 착실히 이루어 낸 음악선교사였음을 재확인할 것이다. 그리고 마지막으로 셋째, 마틴 루터의 음악선교활동이 오늘날 우리에게 주는 교훈이 무엇인지 살펴봄으로써 오늘날 음악선교의 청사진을 제시하려 한다.

1) 마틴 루터도 선교를 아는가?

일단, 이 질문부터 시작해야 한다. "과연 마틴 루터도 선교에 대한 감각이나 신학이 있었을까?" 결론부터 말한다면, 마틴 루터도 선교에 대한 감각이 있었으며 그 나름대로의 선교신학을 가진 선교사였다. 그러나 안타깝게도 선교적 관점에서 본 그에 대한 평가는 형편없었다. 그래서 그는 안타깝게도 오랜 세월 인정받지 못한 선교사였고, 무시당한 선교사였으며, 원치 않게 오해받은 선교사였다. 그만큼 그는 전통적으로 선교학적 측면에서 그리 환영 받지 못했다. 독일의 선교신학자 구스타브 바르넥(Gustav Warneck)과 교회역사가 라투렛(K. S. Latourette) 교수는 "16세기 개신교에는 선교가 없었으며, 마틴 루터도 선교에 긍정적 영향을 끼친 일이 없을 뿐만 아니라, 그에게 선교신학은 없었다."라고 주장했다.[99] 이처럼 마틴 루터는 선교학계에서 찬밥신세를 면치 못했다. 물론, 그를 향한 이러한 푸대접은 오늘날 21세기의 상황에서도 물론 예외는 아니다. 마틴 루터를 푸대접하는 사람들이 선교를 오로지 배를 타고 물을 건너 해외로 나가는 이방해외선교라고 정의하는 것을 보면, 그들의 입장을 어느 정도 이해할 수 있다.

그러나 선교의 정의를 좀 더 폭넓게 보면 이들의 주장은 약간 납득되지 않는다. 그래서 이러한 평가에 반기(反旗)를 든 사람들이 생겨났다. 그 반론자들은 이전 사람들과는 정반대로 한결같이 마틴 루터는 선교사였고, 그에게도 선교신학이 있었음을 주장하였으며, 16세기 개신교에도 선교가 있었음을 강조했다. 대표적인 예로 16세기 최초의 루터교 정통 신학자인 필립 니콜라이(Philip Nicolai: 1556-1608)와 마틴 뷰서(Martin Bucer) 그리고 17세기 유스티니안 폰 벨츠(Justinian von Weltz: 1621-1666)와 19세기 칼 셀(Karl Sell) 같은 사람들이다. 특별히 미국 루터교단 컨콜디아(Concordia) 신학교의 은퇴 원로 선교학 교수인 유진 본쿼스키(Eugene. W. Bunkowsky)는 "루터도 선교사였는가?"(Was Luther a Missionary?)라는 논문을 통해 선교와 관련된 마틴 루터의 설교와 주해 그리고 글을 인용하며 루터에게도 선교신학이 있었음을 다음과 같이 강하게 주장했다.

> 루터에게 있어 하나님의 말씀(Wort-word)은 세상(Welt-world)과 연결되어 있다. "말씀선포"(Wort)는 복음이 선포되는 매개체이며, "세상"(Welt)은 그 복음이 도달해야 할 장소이며 복음의 대상이다. 이러한 연결은 루터의 선교를 이해하는 데 있어 중심개념이 된다. … 루터는 이를 통해 전도는 물론 선교에 대해서 말하고 있

---

99) Gustav Warneck, *Outline of a History of Protestant Mission*, ed., George Roberson, trans, J. Mitchell and C. Macleroy (Edinburgh: Morrison & Cibbs, 1901), pp. 8-9. Keneth Scott Latourette, *Three Centuries of Advance: A. D. 1500-1800, vol. 3, A History of the Expansion of Christianity* (New York: Harper & Brothers, 1939), p. 41.

다.[100]

그러면서 그는 또한 마틴 루터가 시도했던 유대인 선교와 터키 선교를 언급하면서 마틴 루터의 해외선교사역도 같이 설명했다.[101] 이러한 시도들은 결국 이들과 동일한 학문적 흐름에 속하게 된 다른 선교신학자들로 하여금 마틴 루터를 새로운 선교학적 관점에서 재해석하도록 만들었는데, 그중에 대표적인 사람이 바로 20세기 선교신학자 데이비드 보쉬(David Bosch)이다. 그는 비록 마틴 루터가 해외선교로서의 선교활동은 빈약했지만 그렇다고 해서 그에게 선교신학이 없었으며 그에 걸맞은 선교활동이 없었다고 주장하는 것은 잘못된 것이라고 했다.[102] 다시 말하자면, "선교활동이 활발하지 않았다."라는 것과 "아예 선교활동이 없었다."라는 것은 분명히 구별되어야 한다는 것이다. 이러한 측면에서 그는 종교개혁 이후 개혁교회의 선교활동이 저조했던 이유를 5가지로 정리하면서 비록 외부로서의 선교활동은 빈약했지만 마틴 루터와 같은 종교개혁자들에게도 선교가 있었음을 입증했다. 그리고 더 나아가 그는 이러한 종교개혁자들의 선교신학이 훗날 18세기 부흥시대를 지나 19세기의 선교세기에 결정적인 영향을 끼쳤음을 7가지로 나누어 주장했다.

> 개혁자들이 선교 비전을 가지지 못했다고 주장하는 것은 그들의 신학과 선교사역의 주된 강조점을 잘못 이해한 것이다. 특별히 루터는 "매우 창조적이고 독창적인 선교사상가"로 인정되어야 한다. … 개혁자들의 신학의 출발점은 사람들이 세상의 구원을 위해 무엇을 해야 할 것인가가 아닌 하나님께서 이미 그리스도 안

---

100) Eugene W. Bunkowske, "Was Luther a Missionary?," *The Lutherans In Mission: Essays in Honor of Won Yong Ji* (Fort Wayne, IN: Concordia Theological Seminary Press, 2000), p. 10.
101) Ibid., pp. 18-19.
102) David J. Bosch, *Transforming Mission: Paradigm Shifts in Theological of Mission*, pp. 239-261.

에서 하신 것이었다.[103]

　이와 같은 입장에서 필자는 마틴 루터도 엄연한 선교사였음을 인정하는 측면에 서 있는 사람이다. 살펴본 바와 같이, 만약에 마틴 루터 그가 정말 선교사가 되어 그에게 선교가 있었다면, 그것은 16세기 종교개혁시대에도 선교가 있었다는 뜻이다. 바로 여기에 마틴 루터를 선교사로 봐야 하는 이유가 있다.

2) 마틴 루터도 음악선교사였는가?

　그렇다면! 만약 정말 마틴 루터가 선교사였다면, 제일 먼저 생각할 수 있는 그의 선교사역은 무엇이었을까? 그것은 바로 음악선교이다. 많은 사람들이 마틴 루터를 가리켜 신학자, 철학자, 사상가, 가톨릭 신부(사제), 독어학자, 종교개혁자, 혁명가, 목사, 어떤 경우 교단 분열자 등으로 일컫고 있으나, 정작 그를 음악가로 알고 있는 사람들은 그리 많지 않다. 그러나 조금만 자세히 그의 삶을 추적해 보면, 그는 실제로 "개신교 회중찬송의 아버지"였다고 할 만큼 위대한 "음악가"였으며, 음악을 중심으로 한 음악목회를 종교개혁운동에 접목시킨 "음악선교사"였다.[104] 이를 뒷받침하는 많은 사람들의 주장을 한번 들어보자.

　　만약 '종교개혁자 루터와 음악의 아버지라 일컫는 바흐 중 누가 더 이 세상에 먼저 태어난 사람인가?' 하는 질문에 답한다고 하면 … 필자가 경험해 본 것에 비추어 보면, 많은 이들이 바흐라고 말하는 것을 들었다. 심지어 교회음악을 전공

---
103) Ibid., p. 244.
104) 김철륜, 『教會音樂論』 (서울: 호산나음악사, 1990), pp. 76, 98-104.

하고 있는 학생들까지도 말이다. 이는 교회음악에 대한 이해가 근본적으로 부족한 데서 오는 소치다.[105]

독문학자로, 대신학자로서 학문에 장대한 업적을 남긴 루터가 일찍이 음악에 관심을 가지고 코랄(Choral)이라고 하는 독일 민족적인 찬송가를 만들어 적극적으로 사용하였다는 사실은 우리에게 다소 뜻밖의 일로 여겨지지만, 막상 루터의 음악적 작품을 접하면 이러한 생각은 쉽게 이해된다.[106]

마틴 루터는 유능한 음악가였다. 그래서 그는 다양한 가사와 곡조를 사용하여 찬송을 작사 작곡했다. [그의 음악은 파급효과가 커서] 16세기 가톨릭 교회 지도자들이 "마틴 루터의 음악만 아니었다면 우리는 그를 이단으로 정죄하고 진압시키는 데 큰 어려움이 없었을 것이다."라고 말했을 정도였다. … 마틴 루터는 그야말로 예배 중에 다함께 모여 찬양하는 것이 각 개인의 영성에 얼마나 큰 영향을 끼치는지 잘 이해한 사람이었다. … 마틴 루터가 죽은 지 200년이 흐르는 동안 마틴 루터의 후예들인 루터란은 거의 100,000편에 가까운 찬송을 작곡해 냈다.[107]

16세기 개신교의 예배와 음악의 발전을 논하면서 마틴 루터가 그 분야에 끼친 결정적 역할의 사각지대를 벗어날 사람은 아무도 없다. 마틴 루터는 새로운 종교개혁의 앞자리에 선 사람이기도 했지만, 동시에 그는 음악개혁의 중심에 우뚝 서 있는 사람이기도 하다. 이로 인하여 교회와 역사는 그의 이름을 기억하게 되었다.[108]

---

105) 위의 책, p. 76.
106) 정기락, "마르틴 루터의 민족교회음악," 『음악과 민족』 제6호 (1993): p. 243.
107) Leonard R. Payton, *Reforming Our Worship Music* (Wheaton, Illinois: Crossway Books, 1999), p. 31.
108) Carl F. Schalk, *Luther On Music* (St. Louis, MO: Concordia Publishing House, 1988), p. 9.

종교개혁과 함께 시작된 새로운 교회음악운동에 있어 마틴 루터는 가장 위대한 모습으로 그 자리에 서 있다. … 궁극적인 독일 개신교 음악의 운명은 학생시절 한때 즐거운 노래를 마음껏 부르며, 동시에 다성 음악(polyphonic)을 사용한 미사 예배에 유능한 사제(a celebrant priest)였던 마틴 루터에게 달려 있었다고 해도 과언 이 아니다.[109]

오늘날 개신교의 기독교인들은 예배시간에 자신이 좋아하는 찬양을 마음대로 부를 수 있으며, 또 그 찬양을 다같이 부르자고 주장할 수 있는 권리가 있다. 그러나 약 500년 전만 해도 이러한 일은 있을 수 없는 일이었다. 그때 평신도들은 그저 사제로 구성된 성가대가 부르는 라틴가사의 음악을 그저 듣고 쳐다만 봐야 했다. 그렇다면, 우리는 오늘날 어떻게 다같이 회중찬송을 부를 수 있는 권리를 되찾게 되었을까? 그것은 1523년 마틴 루터가 직접 찬양을 만들면서 시작된 개혁에서 비롯된다.[110]

이와 같이 마틴 루터의 종교개혁을 음악적 관점에서 살펴보려 했던 사람은 그 작업을 시작하자마자 이 사실이 너무나 당연한 진실임을 쉽게 깨달을 수 있다.[111] 의심의 여지없이 일단 마틴 루터 자체가 음악가였다.[112] 그리고 음악을 무척 사랑하고 즐겼다.[113] 이것은 그가 요한 발터(Johann Walter)라는 친구

---

109) Lang Henry Paul, *Music in Western Civilization* (New York: W. W. Norton & Company Inc, 1941), p. 207.
110) Frederic Baue, "The Protestant Song from Luther to Marot to Campion," *Concordia Journal*, Vol. 24, No. 1 (January 1988): p. 21.
111) Capuchin Edward Foley, "Martin Luther: A Model Pastoral Musician," *Current in Theology and Mission* (December 1987): p. 406.
112) Helen Pietsch, "On Luther's Understanding of Music," *Lutheran Theological Journal*, Vol. 26. No. 3 (December, 1992): p. 162.
113) Millar Patrick, *The Story of the Church's Song* (Richmond, Virginia: John Knox Press, 1962), pp. 73-74.

에게 "내가 신학자가 아니라면 음악가가 되고 싶다!"[114]라는 편지를 보낸 것만으로도 증명된다. 실제로 마틴 루터는 루트(Lute)라는 악기를 잘 연주했고, 작곡에도 소질이 있어 살아 있는 동안 총 37곡의 찬양을 작곡하였다.[115] 그중의 하나가 바로 우리가 너무나 잘 아는 찬송가 585장 "내 주는 강한 성이요"(Ein feste Burg)이다.[116]

때문에 의외로 그 당시 음악가로서의 마틴 루터를 극찬한 사례는 매우 많다. 몇 가지 예를 들면, 한때 마틴 루터와 에르푸르트 대학(Erfurt University)에서 함께 공부했던 시인이자 인문주의자인 크로투스 루베아누스(Crotus Rubeanus)는 편지를 통하여 "루터! 자네는 우리들 가운데에서 가장 뛰어난 음악가였으며 박식한 철학자였다네."[117]라고 칭찬했으며, 심지어 마틴 루터의 적대자였던 16세기 가톨릭 교회 지도자들마저도 "마틴 루터의 음악만 아니었다면 우리는 그를 이단으로 정죄하고 진압시키는 데 큰 어려움이 없었을 것이다."[118]라고 말하며 그의 음악적 위력을 칭찬했다.

물론 이러한 극찬은 후대(後代)에 올수록 더욱더 분명해진다. 미국 컨콜디아 신학교의 로버트 프레우스(Robert D. Preus) 교수는 "마틴 루터는 신학, 감정, 예술 등 그의 모든 것을 자기 음악 속에 집어 던졌다."[119]라고 했고, 미국

---

114) H. Huchzermeyer, *Luther und die Musik*, Luther 39, 1968, p. 14, 문성모, "마틴 루터의 예배음악에 대한 신학적 이해," 『민족음악과 예배』 개정증보판 (서울: 도서출판 한들, 1997), p. 402에서 재인용.
115) John Makujina, *Measuring the Music: Another Look at the Contemporary Christian Music Debate*, Second Edition (Willow Street, PA: Old Paths Publications, 2002), p. 228.
116) 이 찬양에 대한 자세한 해설과 음악형식 그리고 가사내용에 대한 분석은 다음을 참고하라. Capuchin Edward Foley, "Martin Luther: A Model Pastoral Musician," *Current in Theology and Mission* (December 1987): pp. 415-417, 그리고 이 찬양의 생성과정과 그 영향력 그리고 전 세계 8개국에서 수집된 서로 다른 14개 악보의 비교연구에 대하여는 다음을 참고하라. 김철륜, 『敎會音樂論』, pp. 101-140.
117) Julian Kostlin, *The Theology of Martin Luther*, translated by Charles E. Hay (Philadelphia: Lutheran Publication Society, 1897, Reprint St. Louis: Concordia, 1986), 1: p. 39.
118) Leonard R. Payton, *Reforming Our Worship Music* (Wheaton, Illinois: Crossway Books, 1999), p. 31.
119) Robert D. Preus, "Luther the Communicator," in *God's Communicators in Mission*, Eugene W. Bunkowske and Richard French ed., (Fort Wayne, IN: Concordia Theological Press, 1988), p. 130.

컨콜디아 대학(Concordia University, Ill)의 종교음악 교수 칼 샬크(Carl F. Schalk)는 "16세기 개신교의 예배와 음악의 발전을 논하면서 마틴 루터가 그 분야에 끼친 결정적 역할의 사각지대를 벗어날 사람은 아무도 없다.[120]라고 했다. 루터교 음악 목사 폴 헨리 랑(Paul Henry Lang) 또한 종교개혁과 함께 시작된 궁극적인 독일 개신교 음악의 운명은 마틴 루터에게 달려 있었다고 말했고,[121] 루터교 프레드릭 바우(Frederic W. Baue) 교수도 오늘날 우리가 마음대로 부르는 회중찬송의 근원이 마틴 루터에게 있음을 강조했다.[122] 심지어 프리드리히 슈멘트(Friedrich Smend)는 "마틴 루터의 음악적 뿌리는 음악의 아버지 바흐 때에 가서 그 절정에 달했다."[123]라고 말했으며, 데이비드 스카어(David P. Scaer) 또한 "만약 루터가 바흐만큼의 놀라운 음악적 재능을 하나님께로부터 허락받았다면, 그는 16세기의 바흐로 기록되었을 것이다."[124] 하며 극찬(極讚)했고,[125] 폴 네틀(Paul Nettl) 또한 마틴 루터의 음악적 영향이 온 유럽의 전역까지 확대된 것

---

120) Carl F. Schalk, *Luther On Music*, p. 9.
121) Lang Henry Paul, *Music in Western Civilization*, p. 207.
122) Frederic Baue, "The Protestant Song from Luther to Marot to Campion," *Concordia Journal*, Vol. 24, No. 1 (January 1988): p. 21.
123) Friedrich Smend, "Luther and Bach," *The Lutheran Quarterly* Vol. 1, No. 4, (November 1949): p. 410.
124) David P. Scaer, "Johann Sebastian Bach as Lutheran Theologian" *Concordia Theological Quarterly* Vol. 68 (July/October 2004): p. 328.
125) 마틴 루터는 16세기의 신학자이고, 바흐는 18세기의 종교 음악가이다. 마틴 루터는 자신의 신학을 음악에 담았고, 바흐는 자신의 음악에 마틴 루터의 신학을 담아 자기 나름대로 루터란 신앙고백을 창출했다. 그래서 바흐의 서재에는 마틴 루터의 책이 가득했었다고 한다. 때문에 거의 모든 루터란들은 바흐를 평가함에 있어 그가 루터신학을 음악적 차원으로 승화시킨 사람으로 간주한다. 마틴 루터와 바흐의 이러한 관계는 20세기 신학자인 칼 바르트(K. Barth)와 18세기 음악가인 모차르트(Mozart)의 그것과 매우 대조적이다. 전자(前者)의 경우는 음악가(바흐)가 신학자(루터)에게 영향을 받은 경우이고, 후자(後者)는 신학자(바르트)가 음악가(모차르트)에게 매료(魅了)된 경우이다. 또한 복음성가사 생키(I. Sankey)는 부흥사 무디(D. L. Moody)를 도와 19세기 찬란한 제3차 부흥운동과 선교운동을 일으키도록 도운 찬양사역자였다. 때문에 그 당시 "생키는 찬양하고, 무디는 설교한다!"라는 표어가 유행하였다. 더 자세한 내용은 다음의 자료를 참고하라. Robert A. Leaver, "Johannes Sebastian Bach and the Lutheran Understanding of Music" *Lutheran Quarterly* 16 (Spring 2002): pp. 21-47, Michael Marssen, "On the Musically Theological in J. S. Bach's Church Cantatas" *Lutheran Quarterly* 16 (Spring 2002): pp. 48-64, Barth, Karl, *Wolfgang Amadeus Mozart*, trans. Clarence K. Pott, foreword by John Updike. Grand Rapids Michigan: Eerdmans, 1986. Robin A. Leaver, *J. S. Bach as Preacher: His Passions and Music in Worship* (St. Louis: Concordia Publishing House, 1982), pp. 27-35, Robin A. Leaver, The Theological Character of Music in Worship (Saint Louis: Concordia Publishing House, 1989), pp. 6-7, Zager, Daniel, "Luther and Bach: Theologians in Word and Music," in *Luther on Liturgy and Hymns, ed., Daniel Zager* (Fort Wayne, IN: Concordia Theological Seminary Press, 2006), pp. 105-122.

으로 인정하면서 그것을 바흐와 연결시켰다.[126] 지금까지 열거한 이들의 평가만으로도 우리는 마틴 루터를 음악가로 인정하지 않을 수 없는 충분한 그리고 확실한 증거를 얻은 셈이다.[127] 그야말로 바흐가 음악의 아버지였다면, 마틴 루터는 그 아버지를 있게 한 근원(source) 즉, "DNA"였다. 이러한 면으로 볼 때 마틴 루터는 음악가였으며, 음악선교사였음을 알 수 있다.

그런데 여기서 특별히 눈여겨봐야 할 주장이 바로 미국 컨콜디아 신학교 유진 본쾌스키(Eugene W. Bunkowsky) 교수의 주장이다. 왜냐하면 그는 공개적으로 마틴 루터를 16세기의 음악선교사로 선언하고 나선 학자이기 때문이다. 그의 말을 직접 들어보자.[128]

> 마틴 루터의 선교를 추적함에 있어 그의 음악사역을 절대 무시할 수 없다. 그는 음악을 통하여 전혀 새로운 방법으로 사람들을 예배에 초대했다. 그는 종교개혁 이전에는 상상하지도 못했던 획기적인 음악형태를 사용하여 사람들이 적극적으로 예배에 참여할 수 있도록 이끌었다. … 마틴 루터의 이러한 음악사역은 토착민 안에서의 선교음악(the missions hymns in vernacular)을 가능케 하는 새로운 길을 열어 주었다.[129]

특별히 "the missions hymns in vernacular"(토착민 안에서의 선교음악)이라는 단어를 유념해서 봐야 한다. 본쾌스키 교수는 여기서 마틴 루터의 선교 "missions"(하나님의 미션에 따라 이루어지는 인간의 선교활동)가 음악 즉, 찬송가

---

126) Paul Nettl, *Luther and Music*, trans. Frida Best and Ralph Wood (Philadelphia: Muhlenberg Press, 1948/Reprint New York: Russel & Russel, 1967), p. 7.
127) 강명신, 「Martin Luther의 Chorale이 교회음악에 끼친 영향」 (미간행 석사학위논문, 연세대학교, 1991), p. 48.
128) 이 부분은 필자가 직접 유진 본쾌스키 교수와의 개인적인 대화를 통해서도 재확인한 바이다. 필자는 2006년 9월 미국 인디아나 컨콜디아 신학교의 학교식당에서 그와 함께 식사를 하며 그가 마틴 루터를 '독일 안에서의 평신도를 음악으로 선교한 인물'로 평가하고 있음을 재확인했다.
129) Eugene W. Bunkowske, "Was Luther a Missionary?," *The Lutherans In Mission: Essays in Honor of Won Yong Ji* (Fort Wayne, IN: Concordia Theological Seminary Press, 2000), p. 17.

(hymns)를 통해서 이루어졌음을 주장한다. 한마디로, 여기서 그는 마틴 루터가 단순한 종교개혁자를 뛰어넘어 음악으로 선교한 음악선교사임을 강하게 주장한다. 본쾌스키 교수의 이러한 주장은 첫째, "원래부터 마틴 루터에게 선교신학이 없었다."라는 전통적 편견(stereotype)을 과감히 깨뜨리며 둘째, 더 나아가 우리로 하여금 마틴 루터도 그 나름대로 선교신학을 가지고 있는 음악선교사였음을 재확인하게 만들며 셋째, 결국 마틴 루터가 16세기의 음악선교사였음을 깨닫게 한다.

특별히 마틴 루터가 그의 음악선교를 위해 회중찬송(congregational song)을 개발했다는 것은 음악선교의 관점에서 매우 중요한 의미를 가진다. 그 이유를 스텐리 모어 교수의 말을 통해서 확인해 보자.

> 음악선교에 있어 가장 중요한 우선순위는 회중찬송(congregational singing)을 개발하고 발전시키는 것이다. 만약 선교대상자나 공동체가 처음으로 전도받는 새신자라면 이러한 새신자를 위해 하나님께 예배하고 서로를 격려할 수 있는 새로운 노래를 만들 필요를 느끼게 된다. 그들만을 위한 맞춤형 찬송가가 필요한 것이다. 과거 선교사들이 사용한 서양찬송의 번역판은 좋은 방법이 아니다. 특별히 선교대상자나 지역이 인근지역과 문화교류가 없거나 접촉이 적은 개척지거나 혼합지역인 경우는 더욱 그렇다. 이런 경우 빠른 시일 안에 현지인들에게 맞는 찬송가를 작사, 작곡하도록 권면해 주어야 한다. 만약 선교사들이 그 지역의 문화에 익숙하지 않다면, 본인들이 직접 작곡하면 안 된다. 상황적 음악표현을 처음부터 잘 사용한다면 선교활동의 여러 어려움들을 사전에 피할 수 있고, 음악과 함께 전달되는 말씀도 잘 수용하게 될 것이다.[130]

---

130) Stanley Moore, "Strategies for Music in Missions," in *Missiology*, ed. Terry Mark John, Smith Ebbie & Anderson Justice (Nashville, Tennessee: Broadman & Holman Publishers, 1998), p. 571.

스텐리 모어 교수의 이 말은 음악선교를 실천할 때 선교사들은 특별히 선교지의 특수성에 따라 그들에게 맞는 음악을 만들어 선교해야 함을 뜻한다. 그런데 그는 그중에서 가장 먼저 착수해야 할 일이 다함께 부르는 회중찬송임을 강조하고 있다. 그것도 그 지역과 사람들의 문화특성에 잘 맞게 이해가 되도록 만들어진 회중찬양이어야 한다. 그런데 흥미롭게도 과거 16세기 마틴 루터가 했던 음악선교사역이 바로 이와 같은 맥락에 있었다는 점이다. 이러한 사실은 앞으로 마틴 루터가 독일의 평신도를 위해 어떻게 회중찬양(코랄, chorale)을 만들어 어떤 음악선교활동을 했는지 살펴보면 저절로 밝혀진다.

3) 마틴 루터는 어떻게 음악선교를 했는가?

조숙자 교수는 음악선교가 성공하려면 선교대상자들에게 맞는 선교음악을 선택하고 창조하는 것이 매우 중요하다고 주장하면서 그러한 성공적인 음악선교를 실천한 사람 중 하나가 마틴 루터임을 다음과 같이 설명한다.

> 복음을 받아들여야 할 대상인 피전도자들의 기호와 체질에 맞는 음악을 선택하여 사용할 수 있다면 그 이상 효과적인 복음 전달 방법은 없을 것이다. … 마틴 루터는 악마만이 좋은 멜로디를 가져야 할 이유가 어디 있겠느냐 하면서 그 당시 술집이나 거리에서 사람들이 즐겨 부르던 유행가의 곡조를 찬송가로 사용했다.[131]

더 나아가, 조숙자 교수는 성공적인 국내외 음악선교를 위한 구체적인 방법론 몇 가지를 아래와 같이 덧붙여 제안한다.

---

131) 조숙자, "音樂과 宣教," 『기독교사상』 통권 251호 (1979, 5): pp. 159-160.

첫째, 국내 선교전략을 세움에 있어서 민족 고유의 음악을 최대한으로 활용하도록 노력할 것. 둘째로 어떤 특수한 계층을 위해서는 통속적이요 세속적인 음악의 음률도 과감하게 사용할 것. 이런 두 가지 간단한 주장은 외국선교의 경우에도 그곳의 실정에 맞게 적용되어야 할 것이다.[132]

놀라운 것은 이러한 조숙자 교수의 평가와 제안이 이제 우리가 살펴볼 마틴 루터의 음악선교사역과 같은 맥락에서 이해된다는 점이다. 필자 개인의 판단으로는 아마도 조숙자 교수의 이러한 평가와 제안은 마틴 루터가 스스로 자신의 선교대상인 독일 일반 대중들과 유럽인에게 "적합한" 선교음악(코랄)을 만들었다는 점에서 비롯된 것으로 보인다.[133]

그렇다면, 과연 마틴 루터는 음악선교사로서 그의 음악선교를 어떻게 진행하고 실천했을까? 이제부터 그 해답을 추적해 보자. 우리는 마틴 루터의 선교방법을 4부분으로 나누어 추적해 볼 수 있다: a) 생애, b) 음악철학, c) 음악신학, d) 선교음악(코랄).

a) 생애

마틴 루터의 생애를 보면 그가 왜 음악으로 선교할 수밖에 없었는지, 그리고 그의 음악선교가 어떻게 시작되었는지 알 수 있다. 그래서 일단, 그의 삶

---

132) 위의 책, p. 164.
133) 마틴 루터의 음악선교를 현대에 적용함에 있어 우리가 놓치지 말아야 할 기준점이 하나 있다. "마틴 루터는 섬세한 주의력과 자유로움을 동시에 겸비한 16세기 음악사역자였다."는 점이다. 한마디로 마틴 루터는 "자유와 책임의 역설적 통합"을 이룬 음악사역자이다. 그러므로 마틴 루터가 음악선교를 함에 있어 가지고 있었던 섬세한 "주의력"(consideration)을 무시하고 무턱대고 무조건 "마틴 루터는 세속음악을 마음껏 사용한 사역자였다!"라고 주장하며 현대찬양사역을 지나치게 옹호하는 해석도 문제가 있는 선언이며, 그 반대로, 자유롭게 세속음악을 사용한 마틴 루터의 "자유"를 전혀 고려하지 않고 무조건 "마틴 루터의 방법은 오늘날과는 전혀 다른 것이었다!"라고 주장하며 오늘날의 현대찬양사역을 무조건 죄악시 하는 부정적 해석도 어딘지 2% 모자란 선언이다. 왜냐하면, 실제적으로 마틴 루터는 세속음악을 사용했기 때문이며, 그러나 그렇다고 해서 세속음악을 무조건 사용한 것은 아니기 때문이다. 그의 인생 후기에 자신이 사용했던 세속음악 중 적합하지 않다고 생각되는 것은 다시 철회하여 원상 복귀시킨 역사적 사례가 있다. 자세한 내용과 참고문헌자료에 대해서는 필자의 책 『추적! 마틴 루터도 CCM 사역자였는가?』(2009), pp. 342-376을 참고하라.

중에서 그가 음악선교를 시작할 수밖에 없었던 삶의 작은 일부분만 소개함으로써 그가 어떻게 음악선교를 시작했는지 살펴보기로 한다.[134]

이미 우리가 잘 알듯이, 마틴 루터가 1517년 10월 31일 비텐베르그 성당에 가톨릭 교황청의 타락을 고발하는 "95개항 질의서"[135]를 게시하면서 그와 로마 교황청 사이의 기나긴 전쟁은 불가피하게 시작되었다.[136] 이는 루터 자신도 전혀 예상치 못했던 일이었다.[137] 그래서 마틴 루터 자신도 훗날 이때의 일을 회상하며 "하나님은 나를 인도하시되 마치 돌격해 오는 대적을 보지 못하도록 눈가림을 한 군마(軍馬)와 같이 나를 인도하셨다."[138]라고 고백했다. 이 사실에 대하여 롤란드 베인톤은 다음과 같이 서술한다.

> 루터는 이 95개조 항목을 일반 다른 사람들에게 퍼뜨릴 의도가 아니었다. 다만 그는 여러 학자들과 이름 있는 관계자들을 초대하여 토론을 벌이고 그 뜻을 명확히 밝히려 했을 뿐이다. 이것을 은밀하게 독일어로 번역하여 출판한 것은 다른 사람들이 한 일이다. 짧은 시간에 이 논제는 독일의 화젯거리가 되었다. … 그는 캄캄한 밤중에 오래된 한 성당의 종탑 층계를 꼬불꼬불 기어 올라가는 사람과 같다. 아무 것도 보이지 않는 어둠 속에서 자기 몸의 균형을 잡기 위해 더듬거리며 손을 뻗다보니 그만 손에 한 밧줄이 잡혔다. 그리고 그것을 당겼는데, 뎅그렁하는 소리가 났으며, 그 소리에 자기 자신도 놀라고 말았다.[139]

---

134) 음악가로서의 마틴 루터의 생애에 대한 모든 추적결과는 필자의 책 『추적! 마틴 루터도 CCM 사역자였는가?』 (2009), pp. 223-265를 참고하라.
135) 질의서의 내용에 대하여는 다음을 참고하라. LW 31: p. 9-250.
136) Martin Luther, "Luther's Road to the Reformation," in *The Reformation: Material or Spiritual?*, ed. Lewis W. Spitz (Boston, D. C. Heath and Company, 1962), p. 75.
137) Justo L. Gonzalez, *The Story of Christianity: The Early Church to the Present Day*, in Volume Two (New York: Prince Press, 2001), p. 20.
138) J. L. Neve, *A History of Christian Thought*, 徐南同 譯, 『基督敎敎理史』(서울: 大韓基督敎書會, 1965), pp. 338-339.
139) Roland H. Bainton, *Here I Stand: A Life of Martin Luther*, pp. 63-64.

결국, 1520년 9월 21일 로마 교황은 마틴 루터를 파문한다는 교서(敎書)를 발표하였고, 같은 해 12월 10일 마틴 루터는 비텐베르그 성당에서 모든 사람들이 지켜보는 가운데 그 교서를 불태워 버렸다.[140] 그러던 중 마틴 루터가 본격적으로 자신의 종교개혁에 음악을 사용하게 되는 결정적 사건이 발생한다. 1523년 7월 1일, 마틴 루터를 따르던 두 젊은이가 화형(火刑)당한 것이다. 그들의 이름은 하인리히 보에스(Heinrich Voes)와 요한 에쉬(Johann Esch)인데, 둘 다 벨지안 어거스틴파 수도사(Belgian Augustinian monks)였다. 이 두 사람은 로마 교황청으로부터 마틴 루터가 가르치고 있는 것과 동일한 내용을 전파하고 있다는 판결을 받아 그 죄로 불에 타 죽었다. 이 날은 마틴 루터의 종교개혁을 위한 첫 순교자가 생겨난 순간이다.[141]

이때 마틴 루터는 매우 슬픈 마음으로 이 사실을 모든 사람들에게 알릴 필요성을 느꼈는데, 그 일을 위해 그가 선택한 방법이 바로 음악이었다. 자신이 직접 노래를 작사 작곡하여 사람들로 하여금 부르게 한 것이다.[142] 그렇게 해서 탄생한 곡이 바로 그 유명한 "Ein neues Lied Wir heben an"(A New Song Now Shall Be Begun: 새로운 찬양이 시작될 것이다)라는 곡이다.[143] 울리히 레오폴드 (Ulrich S. Leupold)는 마틴 루터가 이러한 노래를 만들어야만 했던 상황에 대해 다음과 같이 서술했다.

> 마틴 루터의 적대자들은 이 두 청년의 죽음이 교회의 가르침과 평화를 어긴 결과임을 주장했다. 마틴 루터는 이런 식으로 이 사건의 본질을 왜곡하는 그 적대자들의 모습을 그냥 참으며 지켜볼 수 없었다. 그래서 그는 이들의 주장이 거짓

---

140) Mark Edwards, and George Tavard, *Luther: A Reformer for the Churches*, pp. 28-29.
141) LW 32: pp. 261-283.
142) 이중태, 『찬송가 탄생의 비밀』 (서울: 도서출판 선미디어, 2007), pp. 297-299.
143) 필자가 처음 이 곡을 들었을 때의 느낌은 조용하면서도 잔잔하게 사람의 감성을 울리는 곡조였다. 필자가 들었던 디스크(Compact Disc) 정보는 다음을 참고하라. Martin Luther, "A New Song Now Shall Be Begun," With con. David A. Johnson & other Lutheran Musicians, *Martin Luther: Hymns, Ballads, Chants, Truth*, 4-CD Set, Compact Disc, 1-Fourth Track, 2004.

임을 증명하고, 아울러 두 청년의 죽음을 순교로 인식시키기 위해 이 곡을 작곡하였다. … 특별히 마틴 루터는 이 곡을 작곡함에 있어 그 당시 모든 사람이 쉽게 외워서 부를 수 있도록 쉬운 곡조와 단순한 언어를 사용했다.[144]

이처럼 마틴 루터가 직접적으로 이러한 음악선교사역에 뛰어들게 된 원인은 교회음악이나 또는 찬양에 대한 특별한 감흥에서 시작된 것이기보다는 그의 개혁활동 가운데 뜻밖에 경험하게 된 이러한 특정 사건 때문이었다.[145] 따라서 마틴 루터가 처음부터 예배개혁에 목적에 두고 작곡을 시작한 것은 아니었다. 그는 처음에 그저 그 당시 직면하게 된 정치적 상황에 능동적으로 대처하기 위한 목적에서 작곡을 시작했을 뿐이다.[146]

어쨌든, 이 사건과 이때 만들어진 노래는 그의 음악선교사역을 이해하는데 중요한 의미를 지닌다. 미국의 루터파 컨콜디아 신학교 리차드 레히(Richard C. Resch) 교수는 이 사건과 이때 작곡된 노래가 가지는 음악선교적 의미를 다음과 같이 설명했다.

> 마틴 루터를 작곡가로서 첫걸음을 내딛도록 만든 중요한 사건이 있었다. 그것은 1523년 7월에 발생했는데, 마틴 루터 종교개혁의 첫 순교자가 생긴 사건이었다. … 교회음악을 공부함에 있어 이 사건이 중요한 이유는 이 사건으로 말미암아 마틴 루터의 첫 찬송가가 작곡되었으며, 이때 하인리히 보에스와 요한 에쉬를 위해 만든 "A New Song Now Shall Be Begun"이라는 이 예언적 찬양이 그 제목 그대로 오늘날까지 계속되어 우리가 부르는 회중찬송의 첫 출발점이 되기 때문

---

144) LW 53: pp. 211-213.
145) Paul G. Madson, "The Incarnation in Luther's Hymns," *Lutheran Synod Quarterly*, Vol. 37, No. 4 (December 1997): pp. 11-12.
146) Frederic Baue, "The Protestant Song from Luther to Marot to Campion," *Concordia Journal*, Vol. 24, No. 1 (January 1988): p. 22.

이다.[147]

이와 같이, "A New Song Now Shall Be Begun"이라는 곡은 다음과 같은 4가지 면에서 중요한 의미를 지닌다. 1) 마틴 루터로 하여금 음악개혁자로서 첫 걸음을 내딛도록 한 곡이며, 2) 로마 교황청의 타락을 음악을 통해 저항한 그의 첫 작품인 동시에, 3) 위에 언급된 2명의 순교자들을 추모하는 추모곡이며, 4) 더 나아가 앞으로 진행될 모든 개혁활동에 하나님의 은혜를 구하는 곡이다.[148]

이후 1524년 마틴 루터는 자신의 친구이자 동역자였던 요한 발터(Johann Walter)의 도움으로 『비텐베르그 성가집』을 출간한다. 그리고 위에 언급한 추모곡을 포함한 23곡이 그 성가집에 수록된다. 이것이 바로 개신교 찬양을 담은 첫 번째 성가집이다.[149] 이후 4권의 성가집을 더 발간하였으며 그의 평생 동안 기록에 남은 것만으로도 총 37곡이나 되는 찬양을 작곡했다.[150] 그중에 순수창작곡은 9곡이며, 나머지 28곡은 각각 라틴어 성가들을 수정하거나, 종교개혁 이전의 찬송을 재번역했거나, 또한 시편을 이용하여 만든 편곡들이다. 이들의 절반은 종교개혁이 한창 진행될 1524년을 전후해서 만들어졌으며, 나머지 곡들은 1543년에 이르기까지 오랜 시간에 걸쳐 만들어진 곡들이다.[151] 그

---

147) Richard C. Resch, "Luthetr's Hymns, Part II: The Psalms, Canticles, and Newly Composed Hymns," ed., Daniel Zager, *Luther on Liturgy and Hymns* (Fort Wayne, IN: Concordia Theological Seminary Press, 2006), p. 77.
148) 물론 이 곡이 로마 교황청에 저항하기 위해 마틴 루터가 만든 최초의 찬송이 아니라는 주장도 있다. 왜냐하면 이 곡이 최초의 곡임을 증명하는 확실한 문헌적 증거가 아직 없기 때문이다. 그러나 필자는 이 곡이 그 당시 인쇄상태로 많은 사람들에게 전해졌고, 불렸으며, 이 곡이 만들어지기 이전의 다른 곡들에 대한 정보 또한 아직 발견되지 않았기 때문에, 그리고 이 곡의 작곡연대는 이 사건이 생겨난 연도와 동일하기 때문에 첫 작품이라고 인정하는 것이다. 참고하라. 홍정수. "찬송가의 생성과 마르틴 루터," 서정운 명예총장 은퇴 기념 출판위원회 편, 『하나님의 나라와 선교』 (서울: 대한기독교서회, 2001), pp. 278-279.
149) LW 53: pp. 212-213
150) John Makujina, *Measuring the Music: Another Look at the Contemporary Christian Music Debate*. Second Edition (Willow Street, PA: Old Paths Publications, 2002), p. 228.
151) Richard Marius, *Martin Luther: The Christian Between God and Death* (Cambridge, Massachusetts: The Belknap Press of Harvard University Press, 1999), p. 386.

중에서 우리에게 가장 잘 알려진 것이 바로 "Ein feste Burg ist unser Gott" (내 주는 강한 성이요: 찬송가 384장)라는 찬양이다.[152] 시편 46편 1절과 2절의 말씀을 기초로 한 이 찬양 또한 마틴 루터가 자신의 오랜 친구이자 종교개혁 동역자였던 레온하르트 카이저(Leonhard Kaiser)의 순교 소식을 듣고 작곡한 것이라 한다. 마틴 루터는 레온하르트 카이저가 주교(主敎)로부터 내려진 명령에 의하여 불에 타죽고 난 뒤, 그의 순교를 추모하는 동시에 그의 결백과 정당성을 많은 사람들에게 호소하기 위해 이 찬양을 지었다.[153] 그러나 찬양을 작곡한 것만으로 끝난 것이 아니었다. 마틴 루터는 1523년부터 1526년까지 찬양과 관련된 개신교 예배를 개혁하며 그것을 문서화하기 시작했다.[154]

이와 같이 마틴 루터가 1520년 그가 쓴 "3대 논문"[155]과 1529년 『대·소요리문답(Larger and Smaller Catechisms)』[156] 등을 통해 로마 교황청과 엇갈리고 있

---

152) 이 찬양에 대한 자세한 해설과 음악형식 그리고 가사내용에 대한 분석은 다음을 참고하라. Capuchin Edward Foley, "Martin Luther: A Model Pastoral Musician," *Current in Theology and Mission* (December 1987): pp. 415-417.

153) 김철륜, 『敎會音樂論』 (서울: 호산나음악사, 1990), p. 105.

154) 이 기간에 출판된 것들은 모두 4작품이다. 『개교회 안에서 실천되는 예배의식에 관하여 (Concerning the Ordering of Divine Worship in the Congregation, 1523, 3)』, 『미사예식서 (Formula Missae, 1523)』, 『모든 교회를 판단하며 교역자와 교사들을 임명할 수 있는 교회의 권한 (The Right and Power of a Christian Congregation to Judge all Teaching and to Call Appoint, and Dismiss Teachers, Established and Proved from Scripture, 1523)』, 『독일어 미사 예배규범(The German Mass and Order of Service, 1526)』. 그중에 『미사예식서(1523)』는 로마 가톨릭 미사의 모든 예식을 그대로 보존한 상태라 로마 가톨릭 교회 미사의 요약판이라 할 수 있다. 그러나 『독일어 미사 예배규범(1526)』은 모든 가톨릭 예배자료를 독일신자들의 특수성에 맞게 대폭 개편하였다. 이 4작품의 영문 번역본 악보 그리고 자세한 해설은 다음을 참고하라. 문성모, "예배에서의 시편 활용에 관한 역사적 고찰," 『민족음악과 예배』(서울: 도서출판 한들, 1997), pp. 373-374, 이형기, 『종교개혁신학사상-루터와 칼빈을 중심하여』 (서울: 장로회신학대학 출판부, 1984), pp. 184-203, Theodore Hoetty-Nickel, "Luther and Music," in *Luther and Culture*, Martin Luther Lectures, Vol. 4 (Decorah, Iowa: Luther College Press, 1960), pp. 183-211, Robin A. Leaver, "Theological Consistency, Liturgical Integrity, and Musical Hermeneutics in Luther's Liturgical Reforms," *The Lutheran Quarterly*, Vol. IX, No. 2, (Summer 1995): pp. 117-138.

155) 이것은 마틴 루터가 1520년 6개월 동안에 쓴 3개의 논문이다. 마틴 루터의 종교개혁신학을 전반적으로 조망할 수 있는 내용을 담고 있다. ① 첫 번째 것은 "독일 기독교 귀족들에게 보내는 글"로서 만인제사장설을 중심으로 성서해석과 회의소집에 부여된 교황의 독점적 권한을 부정하고, 사제의 결혼을 주장했으며, 평신도의 자유와 권한을 제시했다. 그는 여기서 교황과 일반 기독교 농부의 차이점은 신분(statue)이 아니라 직책(amt)이라고 주장했다. ② 두 번째 것은 "교회의 바벨론 포로시대"로서 성례전에 대한 문제를 다루었다. 여기서 마틴 루터는 기존의 7성례를 부정하고 성만찬과 세례만을 진정한 성례로 인정했으며, 평신도에게도 떡뿐만 아니라 포도주까지도 함께 분배할 것을 주장했고, 화체설을 부인했다. ③ 세 번째 것은 "기독교인의 자유"로서 율법에 얽매이지 않는 그리스도 안에서의 자유를 주장하고 이신칭의의 교리를 강화시켰다. 이 3대 논문의 내용에 대하여는 다음을 참고하라. Dillenberger, John, *Martin Luther Selections From His Writings*, New York: Doubleday & Company, 1961.

156) 1526년 이후로 독일에 마틴 루터의 개혁신학을 따르는 무리들이 많아짐에 따라 마틴 루터는 그들에

는 자신의 신학적 입장을 사람들에게 알렸다면, 동시에 그는 비슷한 시기인 1520년 초반부터 이러한 "성가집"과 "예배모범서"의 지속적인 출판을 통해 새로운 찬양을 소개하며 자신의 개혁의지를 모든 사람들에게 알린 셈이다. 결국 마틴 루터는 로마 교황청과 갈등하고 있는 자신의 신학적 입장을 글과 음악이라는 두 가지 매개체를 통하여 전 유럽에 전파한 것이다. 다시 말하자면, 그의 음악선교가 시작된 것이다.[157] 이렇게 진행된 마틴 루터의 음악선교사역은 그의 설교보다 더 큰 영향을 끼쳤다.[158]

심지어는 마틴 루터의 적대자들까지도 결국에는 그의 음악이 가지고 있는 강한 영향력을 인정할 수밖에 없었다. 당시 예수회 소속이었던 콘제누스(Conzenius)는 "루터의 찬양은 그의 글이나 설교보다 더 강하고 힘이 있다."라고 울상을 지었으며, 스페인 가톨릭 수도사인 토마스(Tomas a Jesu)조차도 "마틴 루터의 음악이 유럽에 루터란 교단을 팽창시키는 데 결정적 역할을 했다는 것은 그리 놀랄 일이 아니다."라고 말했다. 그 당시 마틴 루터의 음악은 일터에서, 장터에서, 길거리에서 또는 벌판에서도 불리고 있었다.[159]

루터를 따르던 사람들은 찬양하는 것을 배웠다. 연습시간은 주로 주중에 전체

게 자신의 신학적 입장을 일목요연하게 규명하여 교육할 필요성을 느꼈다. 그래서 십계명, 사도신경, 주기도, 세례성례, 죄의 고백과 용서, 성만찬, 기도생활, 기독교인의 윤리 등의 내용을 담아 정리한 것이 『대·소요리문답』이다. 참고하라. Stump, Joseph. *An Explanation of Luther's Small Catechism*, BiblioBazzar, 2006.

157) 하지만, 여기서 우리가 한 가지 확인하고 바로 잡아야 할 역사해석의 오류가 있다. 바로 마틴 루터가 종교개혁을 시작하자마자, 그 즉시 그의 음악사역도 함께 시작되었다는 주장이다. 물론 이것은 큰 오해이다. 사실은 그렇지 않다. 왜냐하면 실제로 마틴 루터가 개혁운동의 한 일환으로 음악작곡에 몰두하기 시작한 시기는 그가 "95개항 질의서"를 제시한 1517년으로부터 약 5-6년이 지난 1523-4년부터였기 때문이다. 그러므로 마틴 루터가 음악을 그의 개혁운동에 사용한 것은 사실이지만, 그가 개혁운동을 시작하자마자, 바로 음악을 도입한 것은 아니었다는 주장이 올바른 해석이다. 참고하라. Paul Nettl, *Luther and Music*, trans., Frida Best and Ralph Wood (Philadelphia: Muhlenberg, 1948/Reprint New York: Russel & Russel, 1967), p. 41.

158) T. Harwood Pattison, *Public Worship* (Philadelphia: American Baptist Publication Society, 1900), p. 161.

159) Steve Miller, *The Contemporary Christian Music Debate: Worldly Compromise or Agent of Renewal?* (Waynesboro, Georgia: OM literature, 1993), p. 115.

회중들을 중심으로 정해졌으며, 요리문답 공부시간 이후에도 집에서 가족들끼리 찬양하도록 권면했다. 그래서 루터를 반대하는 한 가톨릭의 예수회 신부는 "루터의 설교보다는 그의 찬양이 더 많은 사람을 죽이고 있다."라고 증거했다.[160]

이러한 상황을 감지한 마틴 루터 자신도 스스로 말하기를 "우리가 복음을 노래한 이후로 우리 적대자들은 복음의 능력을 무시하지 못하게 되었다."[161]라고 선언했다. 이처럼 마틴 루터의 음악은 그의 글이나 설교보다 힘이 더 강했다. 이렇게 해서 촉진된 마틴 루터의 종교개혁은 그의 음악을 전파하는 그 과정 속에서 교회음악과 찬양에 커다란 변화를 일으킬 수밖에 없었다.[162] 이러한 마틴 루터의 음악을 통한 선교사역은 개혁이라는 바람을 타고 독일뿐만 아니라 전 유럽에 영향을 끼쳤으며, 결국 오늘날 우리는 전 세계 교회를 통하여 그 영향력이 남긴 결과를 보고 있다.[163]

b) 음악철학

물론, 이러한 마틴 루터의 음악선교활동에는 그 나름대로의 음악철학이 있었기에 가능했다. 특별히 1988년 미국의 루터교 예배학자인 칼 샬크(Carl F. Schalk) 교수는 마틴 루터의 음악철학을 아래와 같이 6가지 패러다임(five paradigms of praise)으로 묶어서 설명했다.

이러한 활동 속에서 루터는 삶과 예배에 있어 음악이 가지고 있는 가치를 이해하고 실천하는 종교개혁운동을 진행하였다. 이때 루터가 교회음악을 이해함에 있

---

160) Roland H. Bainton, *Here I Stand: A Life of Martin Luther* (New York: A Merdidan Book, 1995), p. 271.
161) Luther D. Reed, "Luther and Congregational Song," in *The Paper of the Hymn Society*. ed., Carl F. Price (New York: The Hymn Society of America, 1947), p. 1.
162) Kyle C. Sessions, "The Sources of Luther's Hymns and the Spread of the Reformation," *The Lutheran Quarterly* Vol. III, No. 3 (August, 1965): p. 206.
163) 차종순, 『교회사』 (서울: 한국장로교출판사, 1992), p. 237.

어 가지고 있었던 다섯 가지 중요한 명제가 있었는데, 바로 "음악의 다섯 가지 패러다임"이다: (1) 하나님의 창조물이자 선물로서의 음악(music as God's creation and gift) (2) 선포와 찬양으로서의 음악(music as proclamation and praise) (3) 예전예식으로의 음악(music as liturgical song), (4) 대제사장의 노래로서 음악(music as the song of royal priests) (5) 보편적인 교회의 연결을 상징하는 음악(music as a sign of continuity with the whole church)[164]

그런데 칼 샬크 교수는 21세기의 빠른 변화를 인식한 듯, 그로부터 18년 뒤인 2006년에 또 다른 소논문을 발표했다. 그리고 그 논문에서 마틴 루터의 음악철학을 21세기의 흐름 속에서 다시금 재분석했다. 그는 그 논문에서 마틴 루터의 음악철학이 21세기에 재조명되어야 할 필요성을 언급하며 마틴 루터의 음악철학을 다음과 같이 세 가지로 다시 재정리했다.

나는 오래 전에, 정확히 말하자면 18년 전에, 여기저기 흩어져 있는 마틴 루터의 글과 말을 모아서 마틴 루터의 음악철학에 대한 소논문을 출간했었다. … 그 소논문을 발표한 지 거의 20년이 가까워 오는 지금, 여기저기에서 생겨나는 문제들은 우리로 하여금 교회의 예배음악에 대한 마틴 루터의 말과 글들을 다시금 재조명해야 한다는 절박한 필요성을 느끼게 한다.[165]

현대예배에 수많은 소동과 잡음이 많은 때에, 나는 우리가 꼭 재점검하고 재강조해야 할 마틴 루터의 3가지 음악철학이 있다고 믿는다. 그것들은 다음과 같다. 1) 역사 속에 나타난 신앙에 징표로서 예배예전이해과 예배음악이해의 연속성, 2)

---

164) Carl F. Schalk, *Luther On Music: Paradigms of Praise*, pp. 31-32.
165) Carl F. Schalk, "Luther on Music Revisited: Reassessing Luther's Thought on Music for Today," ed., Daniel Zager, *Luther on Liturgy and Hymns* (Fort Wayne, IN: Concordia Theological Seminary Press, 2006), p. 123.

복음을 전하는 말씀과 찬양으로서 나타나는 음악의 위치와 역할, 3) 이러한 이해 속에 주어지는 교회음악가의 특별한 위치와 역할.[166]

결국, 1988년의 논문이 마틴 루터의 음악철학을 정리한 것이라면, 2006년의 논문은 그의 음악철학을 21세기라는 현실적 상황 속에 적용하기 위한 길잡이였다고 볼 수 있다.

그런데 이러한 칼 샬크의 주장을 이어받은 사람이 또 있었다. 바로 라이더 대학(Westminster Choir College of Rider University)의 음악교수인 로빈 리이버(Robin A. Leaver)이다. 그는 2007년에 마틴 루터의 음악철학을 다음과 같이 5가지로 소개했다.

1) 음악은 하나님의 선물, 2) 음악은 마음의 기쁨을 창조하기 위한 것, 3) 음악은 사탄 마귀를 쫓는 무기, 4) 음악은 깨끗한 기쁨을 만들어 내는 것, 5) 평화의 시대를 구축하는 음악.[167]

결국, 이 두 사람의 선자료(pre-materials)를 종합하면, 마틴 루터의 음악 선교를 가능케 한 음악철학은 다음과 같이 5가지로 요약될 수 있다. (1) 하나님 태초의 창조물 중 하나로서의 음악(music as God's creation from the beginning of the world) (2) 신학에 버금가는 하나님의 선물(music as God's gift, next to theology) (3) 말씀선포로서의 음악(music as preaching God's Words) (4) 예배요소로서의 음악(music as liturgical song for worship) (5) 교회를 이어주는 교량(橋梁)으로서의 음악(music as a sign of continuity with the whole church)[168]

---
166) Ibid., p. 124.
167) Robin A .Leaver, *Luther's Liturgical Music: Principles and Implications*, pp. 65-103.
168) 5가지 음악철학에 대한 각각의 더욱더 자세한 내용과 자료에 대해서는 필자의 책 『추적! 마틴 루터도 CCM 사역자였는가?』(2009), pp. 226-301을 참고하라.

ㄷ) 음악신학

특별히 마틴 루터의 이러한 5가지 음악철학은 또 다른 2가지 선교음악신학의 형태로 구체화되었다.[169] 선교음악에 대한 마틴 루터의 일반적 이해가 그의 음악철학이라면, 그러한 그 선교음악을 실제로 사용하기 위한 특별개념이 바로 그의 선교음악신학이다. 확실히, 마틴 루터의 선교음악은 철저히 그가 가지고 있었던 나름대로의 신학적 바탕 위에 그 기초를 두고 있었다.[170] ① 첫 번째 것은 마틴 루터 신학의 핵심인 "만인제사장설"(The Priesthood of All Believers)이며, ② 두 번째 것은 "아디아포라"(adiaphora)와 "디아포라"(diaphora)이다.

만인제사장의 개념 속에는 "가톨릭에서 강조하는 특별한 사제(a Catholic priest)의 중재(mediation)나 예전적인 절차(liturgical process) 없이도 모든 사람이 직접 하나님과 자유롭게 교제할 수 있다."라는 뜻이 담겨 있다.[171] 그렇다면 마틴 루터의 입장에서 음악을 통하여 하나님께로 나아가는 찬양도 이 부분에 있어 예외가 될 수 없다. 당연히 마틴 루터에게 있어 모든 사람이 "만인찬양자"(the priesthood of the all believers)가 되어 하나님께 영광을 돌리며 나갈 수 있어야 하는 것이다.[172] 그리고 아디아포라와 디아포라이다. 마틴 루터는 음악선교를 함에 있어 "음악이 무엇이냐?"라는 음악의 본질적인 측면에서는 "디아포라"라는 절대적 신학개념에 기초해 있었으며, "음악을 실제적으로 선교현장에서 어떻게 사용하며 어떻게 적용할까?"라는 측면에서는 "아디아포라"라고 하는 상대적 신학개념에 기초해 있었다.

이것이 필자의 견해이다. 한마디로 필자는 마틴 루터를 "자유와 책임이라

---

169) Kurt J. Eggert, "Music, Hymnody, Liturgy and Worship," *Lutheran Synod Quarterly*, Vol. XXIX (March 1989): p. 19.
170) Theodore Hoetty-Nickel, "Luther and Music," in *Luther and Culture, Martin Luther Lectures*, Vol. 4 (Decorah, Iowa: Luther College Press, 1960), p. 149.
171) "The Misuse of the Mass," LW 36: p. 139.
172) Donald P. Hustad, *Jubilate II: Church Music in Worship and Renewal* (Carol Stream, IL: Hope Publishing Company, 1993), p. 188.

는 역설적 통합의 원리"(a principle of paradoxical combination between freedom and responsibility)를 회중찬송에 잘 적용한 16세기 음악선교사로 보고 있다. 좀 더 자세히 말하면, 여기서 "자유"는 "아디아포라"와 관련되며, "책임"은 "디아포라"와 연결되고, "회중찬송"은 "만인제사장설"에 뿌리를 둔다. 이것을 알기 쉽게 도표로 정리하면 아래와 같다.

만인제사장설(the priesthood of all believers)	
회중찬송(congregational song)	
아디아포라(adiaphora)	디아포라(diaphora)
자유(freedom)	책임(responsibility)

따라서 필자는 다음과 같이 결론지으려 한다. 마틴 루터의 음악선교는 "거리낌 없는 자유(아디아포라)와 철저한 책임(디아포라)이라는 역설적 통합" 속에서 이루어진 선교였으며, 동시에 마틴 루터는 정말 자유와 책임을 동시에 겸비한 16세기의 음악선교사였고, 진정한 자유 뒤에는 철저한 책임이 따른다는 진리를 놓치지 않은 음악선교사였다.[173] 그러므로 마틴 루터를 통해 배울 수 있는 음악선교의 방법론적 교훈은 선교지의 문화적 다양성과 특수성을 고려하여 충분한 음악적 자유를 누리되, 동시에 그 음악은 복음을 담고 복음을 전하는 선교음악이라는 선교적 책임을 잊지 않아야 한다는 점이다. 물론, 그 기준점은 각 선교지의 특수성과 상황, 선교사의 개인적 신앙의 양심에 따라 유동적일 수 있다. 그러나 지금 말하고 있는 "자유 속의 책임", "책임 속의 자유"를 잊지 않는다면 그 유동성도 하나의 복음이라는 공통분모 속에서 일어나는 자유가 될 것이다.

---

[173] 음악신학(만인제사장설, 아디아포라와 디아포라)에 대한 각각의 더욱더 자세한 내용과 자료에 대해서는 필자의 책 『추적! 마틴 루터도 CCM 사역자였는가?』 (2009), pp. 302-341을 참고하라.

d) 선교음악: 코랄(Chorale)

마틴 루터의 선교음악은 "코랄"이었다. 하지만 코랄을 해석하는 기준에 따라 마틴 루터가 코랄의 창시자는 아니며, 그의 코랄 역시 그리 독창적인 음악형태는 아니라고 주장할 수도 있다. 왜냐하면 마틴 루터 이전에도 세속민요 형태에 독일어 가사를 붙여 만든 찬양들이 이미 존재해 있었기 때문이다.[174] 9세기부터 중세 독일의 민속찬양으로서 끝에 "키리에 엘레이손"(Kyrie eleison)이라는 "라이제"(Leise)가 있었고, 개혁시기 이전의 개혁자로 불리는 후스(Huss)의 추종자들과 종교개혁 당시 토마스 뮌처(Thomas Muntzer)도 이미 무음절(無音節) 가락에 독일어 가사를 붙여서 곡을 만들어 부르기도 했다.[175]

물론 이것은 사실이다. 그러나 그러한 찬양이 마틴 루터 이전에도 이미 존재했다는 사실이 16세기 당시 교회에 그러한 형태의 찬양이 실제로 즐겨 사용되었다는 것을 뜻하지는 않는다. 동시에 이러한 시도를 한 사람들이 마틴 루터 이전에도 있었다고 하는 사실도 그들이 마틴 루터만큼의 영향력과 파급효과를 나타내었다는 사실을 증명하지도 않는다. 그리고 그 찬양이 실제로 코랄이라는 공식명칭으로 이해된 것도 아니었다. 그러므로 마틴 루터 이전부터 그런 형태의 찬양이 이미 존재해 있었다는 사실과 그런 찬양이 마침내 교회에서 정식으로 인정받아 사용되었다는 결과는 서로 구분해야 할 것이다. 그리고 이러한 시도를 한 사람이 마틴 루터 이전에도 있었다는 사실과 그들의 사역이 정말 마틴 루터만큼 큰 효과를 거두었는가라는 문제도 역시 구분해야 한다.

따라서 필자가 여기서 마틴 루터가 코랄의 창시자였으며, 그의 코랄이 가톨릭의 그것과 비교하여 독창적이었음을 주장하는 근거는 어디까지나 다음

---

174) Steve Miller, *The Contemporary Christian: Worldly Compromise Or Agent of Renewal?* (Waynesboro, Georgia: OM literature, 1993), p. 115.
175) 홍정수, "찬송가의 생성과 마르틴 루터," 서정운 명예총장 은퇴 기념 출판위원회 편, 『하나님의 나라와 선교』 (서울: 대한기독교서회, 2001), pp. 454-455.

의 3가지 사실에 입각한 결론이다. 첫째, 이미 비공식적으로 존재해 있던 음악형태를 완전히 공식화한 마틴 루터의 업적에 있으며 둘째, 가톨릭에서 전혀 사용하지 않았던 음악형태를 처음으로 예배에 과감히 사용했던 그의 개척정신과 셋째, 그런 음악에 코랄이라는 정식명칭을 넣어 되살아나게 했다는 점이다. 따라서 필자와 다른 견해를 지닌 사람들은 차라리 "마틴 루터 이전에 있던 민속찬양이 마틴 루터의 종교개혁 이전에는 무대 뒤의 엑스트라 배우 역할을 했는데, 마틴 루터의 종교개혁 이후로는 드디어 주연배우로 상승되었다!"라고 주장하는 것이 더 적절할지도 모른다. 그럼 이제부터 마틴 루터가 자신의 음악선교를 위해 실제로 사용했던 선교음악인 코랄(Chorale)에 대해 what, why, how의 방향으로 고찰해 보자.[176]

가. What: 코랄이란 무엇인가?

일반적으로 코랄이란 마틴 루터가 독일에서 처음 시도한 것으로 그를 따르던 루터파 기독교인들이 즐겨 불렀던 일종의 새로운 성가이자 회중찬양이다. 이러한 면에서 코랄은 중세 가톨릭 성가와는 구별되는 새로운 찬양형태로서 오늘날 개신교 회중찬송의 시초라 할 수 있다.[177] 따라서 코랄이란 이러한 루터의 찬양을 가톨릭의 그것과 구별하여 독립적으로 규정하기 위한 일종의 음악명칭이다.[178] 그래서 위키피디아(Wikipedia) 웹 사전에 보면 "코랄이란 마틴 루터에게서 시작되고 루터교회에서 유행한 찬양의 한 형태로서 온 회중이 다

---

176) 필자는 루터의 코랄을 16세기의 CCM이라 주장했다. 이 부분에 대한 더욱더 자세한 신학적 분석은 (특별히 16세기 코랄과 21세기 CCM을 서로 비교 연구한 내용) 필자의 책 『추적! 마틴 루터도 CCM 사역자였는가?』 (2009), pp. 375-400을 참고하라.
177) Katherine B. Shippen & Anca Seidlova, *The Heritage of Music* (New York: The Viking Press, 1963), p. 290.
178) 일반적으로 코랄이라고 하면, 그 해석의 각도에 따라, 가톨릭 교회의 그레고리 성가(Gregorian Chant)를 뜻하는 때도 있지만, 필자는 여기서 그 당시 마틴 루터를 따랐던 루터파 개신교도를 중심으로 불린 찬송가에 한정하여 생각하기로 한다. 이러한 구분의 정당성에 대해서는 다음을 참고하라. 정기락, "마르틴 루터의 민족교회음악," 『음악과 민족』 제6호 (1993): p. 243.

함께 부르도록 만들어진 회중찬양"[179]이라고 정의되어 있다.

나. Why: 왜 코랄이 필요했는가?
그 이유는 다음의 3가지로 요약될 수 있다. 첫째, 일반 성도와 회중에게 찬양의 자유를 누리게 하기 위함이며 둘째, 코랄은 마틴 루터에게 있어 종교개혁을 돕기 위한 방편이자 실천이었기 때문이며 셋째는, 예배의 개혁을 위해서였다.[180]

첫째 이유를 구체적으로 살펴보면, 코랄이 만들어질 16세기는 오늘날 21세기와 전혀 다른 상황이었다. 16세기 상황에서 찬양이란 오로지 선택된 일부 고위 특권층이나 성직자, 또는 훈련받은 몇몇 성가사들만을 위한 것이었다. 왜냐하면 4세기에 있었던 라오디게아(Laodicea) 회의에서 교회에서 특별히 임명 받은 자 외에는 찬송할 수 없다고 결정해 버렸기 때문이다.[181] 물론 이것은 오늘날 21세기에는 상상도 할 수 없는 이야기이다. 하지만 16세기에는 평신도와 일반인에게 찬양의 자유란 전혀 없었다. 그런데 마틴 루터는 이러한 폐단을 제거하고 싶었다. 그래서 평신도에게 찬양의 자유와 기쁨을 누리게 하고 싶었다.[182] 더 나아가 신앙이 약한 사람들도 이 찬양으로 말미암아 하나님의 은혜를 회복케 하고 싶었다. 그러나 불행히도 기존의 가톨릭 성가와 찬양은 그것을 허락하지 않았다. 그래서 마틴 루터가 나름대로 찾은 새로운 찬양 형태가 있었는데, 그것이 바로 코랄이다. 코랄은 특정한 종교 지도자들과 성직자를 위한 찬양이 아니라 일반 평신도의 적극적이고 능동적인 참여를 끌어

---
179) http://en.wikipedia.org/wiki/Chorale (2007. 12)
180) Eugene W. Bunkowsky, "Was Luther a Missionary?," in Kurt E. Marquart, John R. Stephenson, and Bjarne W. Teigen, eds., *A Lively Legacy: Essays in Honor of Robert Preus* (Fort Wayne, IN: Concordia Theological Seminary, 1985), pp. 24-25.
181) 김철륜, 『敎會音樂論』, p. 76.
182) Paul Nettl, *Luther and Music*, trans. Frida Best and Ralph Wood (Philadelphia: Muhlenberg Press, 1948/Reprint New York: Russel & Russel, 1967), pp. 91-93.

내기 위한 대중적이며 보편적인 찬양이었다.[183] 그래서 루터는 심지어 성탄절의 캐럴까지 평신도에게 보급했으며, 그 성탄절 캐럴을 통해 어린아이들까지 선교하는 열심을 보였다.[184] 그러므로 마틴 루터가 가지고 있었던 평신도에 대한 이러한 관심과 열정은 그가 왜 코랄을 만들어야만 했는지 그 첫 번째 이유를 잘 설명해 준다.[185]

둘째 이유는 다음과 같다. 코랄은 찬양을 통해 마틴 루터의 종교개혁을 돕기 위한 방편이자 실천이었다. 한마디로 "마틴 루터의 코랄은 복음전파를 위한 말과 음악이었다."[186] 당연히 이 코랄을 통해 하나님을 찬양하는 사람들은 대부분 마틴 루터를 따르는 사람들이었다. 그리고 코랄을 통해 하나님의 은혜를 경험한 사람들도 마틴 루터의 추종자가 되었다. 그러다 보니 마틴 루터는 자신의 개혁의지와 신학을 그들에게 가르치고 교육할 필요가 생겼다.[187] 이 과정에서 코랄은 자연스럽게 하나님을 찬양할 뿐만 아니라, 더 나아가 이 마틴 루터의 개혁신학을 담아 사람들에게 전하고 가르치는 교육의 매개체로 쓰이게 된 것이다.[188] 점점 늘어나는 자신의 추종자들과 그리고 그 추종자들을 되돌리기 위해 힘쓰는 가톨릭 반대자들을 제어하기 위해 이 코랄이 사용된 것이다. 바로 종교개혁을 돕기 위한 하나의 선교적 매개체였던 셈이다. 이 과정에서 마틴 루터는 특별히 선술집에서 사용되던 음악(tavern song)을 사용하기도 하였다. 그러한 음악은 그 당시 예배음악의 대명사인 그레고리안 찬트

---

183) LW 53: p. 36.
184) 이용원, 『성탄이야기』 (서울: 홍림, 2011), p. 101.
185) 정기락, "마르틴 루터의 민족교회음악," 『음악과 민족』, 제6호 (1993): pp. 242-262.
186) Brian Wren, *Praying Twice: The Music and Words of Congregational Song* (Louisville, London: Westminster John Knox Press, 2000), p. 15.
187) Robin A. Leaver, "Luther's Catechism Hymns," *Lutheran Quarterly* Vol., XI, No., 4 (Winter 1997): pp. 397-422, Robin A. Leaver, "Theological Consistency, Liturgical Integrity, and Musical Hermeneutics in Luther's Liturgical Reforms," *The Lutheran Quarterly*, Vol. IX, No 2, (Summer 1995): pp. 117-138.
188) Derek Wilson, *Out of Storm: The Life and Legacy of Martin Luther* (New York: St. Martin's Press, 2007), pp. 276-277, 348-349.

(Gregorian chant)와는 전혀 다른 음악이었다.[189] 이것은 평신도들을 위한 선교적 융통성이었다. 실제로 마틴 루터는 평생 일반 평신도를 위한 음악교육과 음악을 통한 선교적 교육의 효과를 매우 강조했다.[190]

셋째 이유는 이렇다. 예배의 개혁이었다. 찬양은 예배에 있어 필수요소이다. 그러므로 찬양이 죽는다는 것은 곧 예배가 죽었음을 의미한다고 말해도 과언이 아니다. 지난 교회역사를 돌아봐도 교회의 개혁은 언제나 예배의 개혁과 함께했으며, 예배의 개혁은 항상 찬양의 개혁을 요구했다. 그러므로 어떻게 보면 교회의 역사는 찬양의 재발견을 위한 역사라고 볼 수도 있다.[191] 16세기 당시 잘 알아듣지도 못하는 라틴어 찬양, 그것도 일부 소수 특권층만 알아듣고 부를 수 있는 라틴어 찬양, 그 찬양을 통해 생명력 있는 예배가 진행되기는 무척 어려웠다. 당연히 참석하는 모든 회중의 영혼을 울리는 찬양이란 예배 중에 없었다. 회중은 그저 방관자요, 구경꾼이요, 벙어리에 불과했다. 당연히 그 찬양을 통한 회중의 신앙고백도 없었다.[192] 결국 찬양은 형식적이었으며, 예배는 힘을 잃었다. 마틴 루터는 이 폐단을 개혁하기 위하여 그 시대에 알맞은 새로운 형태의 찬양이 필요했다. 그래서 나온 것이 바로 코랄이었던 것이다. 그리고 그 코랄을 통하여 찬양을 개혁했으며 예배를 개혁한 것이다.[193]

다. How: 코랄을 어떻게 만들었는가?

이 부분에 대해서는 총 5가지 방법론(가사, 리듬, 선율, 화성, 선법)을 추적할 수

---

189) Robert H. Mitchell, *I Don't Like That Music* (Carol Stream, IL: Hope Publication, 1993), p. 26.
190) 참고하라. Susan, David J. "Some Parallel Emphases Between Luther's Theology and His Thought about Music, and Their Contemporary Significance." *Concordia Journal*. Vol. 11. No. 1 (February 1985): pp. 12-13.
191) Donald P. Hustad, *Jubilate!: Church Music in the Evangelical Tradition* (Carol Stream, IL: Hope Publishing Company, 1981), p. 120.
192) Helmar Junghans, "Luther on the Reform of Worship," *Lutheran Quarterly* Vol. XIII, No. 3 (Autumn 1999): p. 326.
193) Luther D. Reed, "Luther and Congregational Song," in *The Paper of the Hymn Society*. ed., Carl F. Price (New York: The Hymn Society of America, 1947), p. 4.

있다. 이를 통해 마틴 루터가 코랄을 어떻게 만들었는지 구체적으로 알 수 있을 것이다.[194]

㉠ 가사의 특징[195]

1523년 이후 루터는 찬송시를 직접 썼는데 그 찬송시를 구성하는 요소는 첫째 라틴어로 된 시를 독일어로 번역한 것, 둘째 종교개혁 이전 시대에 대중이 알고 있던 찬송시를 개편해서 확대한 것, 셋째 시편을 운문화한 것, 넷째 시편 외의 성경구절을 운문화한 것, 다섯째 스스로 창작한 시였다. 이러한 이유 때문에 루터가 만든 가사는 예술적으로 잘 다듬어지거나 섬세한 시적 언어로 되었다기보다는 오히려 서민적이고 토속적이었으며 대중들에게 쉽게 흡수될 수 있는 평민의 언어로 쓰였다. 가사에 담긴 신학적 색깔은 구원의 진리를 객관적으로 전하면서도 삼위일체의 교리에 중점을 둔 예수 그리스도의 모습을 전하는 성향을 가졌다. 예를 들면, 시편 130편의 말씀에 근거하여 1523년에 쓰인 찬양 "Aus tiefer Not"(마음 깊은 곳 당신께)는 하나님의 성품과 능력을 찬양한 가사이고, "Erhalt uns, Herr, bei deinem Wort"(주님의 말씀만으로)라는 이 찬송은 성부와 성자와 성령, 삼위일체 하나님을 찬양하는 가사내용이다. 이처럼 우리는 루터가 쓴 찬송의 가사 속에서 앞에서 언급한 성경의 찬양 내지는 기도가 반영되어 있음을 볼 수 있다.

㉡ 리듬의 특징[196]

루터 코랄은 크게 두 가지 리듬으로 정리된다. 일단, "신앙 찬송"(Hymns of

---

194) 여기에 소개된 코랄창작의 5가지 방법론에 대한 분석은 문경아의 한글 석사학위논문 내용을 필자가 필요에 따라 축소 요약해 그대로 재인용한 것이다. 더 자세한 악보자료와 참고문헌에 대해서는 다음을 참고하라. 문경아, 「Martin Luther의 Choral이 교회음악에 미친 영향에 관한 연구」(미간행 석사학위논문, 중앙대학교 예술대학원, 2003), pp. 29-35.
195) 위의 논문, pp. 28-29.
196) 위의 논문, pp. 29-30.

Faith)으로 노래의 시작 악구(Phrase)가 짧은 음표로 시작된다. 예를 들어, "새 노래를 부르자"(A New Song Here Shall Be Begun)라는 악구가 짧은 음표로 시작된다. 그러나 반대로 "명상 찬송"(Hymns of Prayer)은 노래의 시작 악구가 긴 음표로 시작되는 특징을 가진다. 시편 130편을 기초로 만든 찬송 "깊은 절망에서 부르짖사오니"(From Trouble Deep I Cry to Thee)는 명상과 기도의 찬송으로 긴 음표로 시작한다. 따라서 루터는 리듬에 있어 상당히 자유롭고 다양한 리듬을 사용했으나, 길고 짧은 두 리듬의 법칙을 주로 지켰다고 볼 수 있다.

㉰ 선율의 특징[197]

루터가 37개의 코랄을 작곡한 것으로 알려져 있는데, 그 곡조들은 이미 존재하던 노래에서 완전히 혹은 부분적으로 차용된 것들이다. 루터의 코랄은 그중 일부만이 독창적인 것이고, 대부분의 선율은 가톨릭 교회의 전례 성가나 중세의 시퀀스, 독일의 민요에서 따온 것이다. 세속 노래나 세속적인 다성 작품을 교회에서 사용하도록 채택하는 것은 16세기에는 흔한 일이었다. 우리는 이러한 곡을 '콘트라 팍툼'(contrafactum) 또는 '패러디(parody)기법'이라고 부른다.

㉱ 화성의 특징[198]

코랄은 원래 전원이 유니즌(Unison)으로 불렀으므로 화성이 없었지만 루터파 작곡자들은 일찍부터 코랄에 다성음악을 붙이기 시작하였다. 루터의 중요한 음악 협동자였던 요한 발터(Johann Walter, 1496-1570)는 1524년에 5개의 모테트와 함께 38개의 코랄 편곡을 실은 『비텐베르크 성가곡집』을 출판하였다. 이것이 최초의 코랄 다성곡집이다. 다성적인 코랄 작곡은 회중이 아닌 성

---

197) 위의 논문, pp. 30-31.
198) 위의 논문, pp. 31-32.

가대를 위한 것이었다. 일반적인 연주법은 성가대가 때때로 기악반주를 곁들여 다성으로 부르는 코랄의 절과 회중들이 반주 없이 유니즌으로 부르는 절을 교대시키는 것이다. 그리고 그 이후에는 칸티오날 양식으로 주선율은 최상성부에 두며 완전히 수직 화음적이고 찬미가 같이 리듬적으로 단순한 양식으로 출판되었다.

㈎ 선법의 특징[199]

루터의 가장 중요한 음악적인 공헌 중의 하나는 코랄 제작에 있어서 독창적으로 이오니아 선법(Ionian Mode)을 사용한 것이다. 루터는 그 당시 가장 진보적인 음악 이론에까지 손을 대어 중세의 8개 교회선법을 12개로 확대하는 것을 통해 17세기에 이르러 오늘날의 장조와 단조의 조성을 낳게 하는 업적을 남겼다. 중세의 선법은 그레고리안 찬트에 주로 사용된 8선법이었다. 교회선법은 16세기에 들어 4개의 선법이 추가되어 12개의 선법으로 늘어나게 되었다. 16세기에 본격적으로 사용된 이오니아, 에이올리아 선법은 중세의 다른 선법보다 부르기 쉽고 정적이었다. 루터는 그의 자작 코랄에 C-Ionia 선법을 주로 사용하고 있음을 볼 수 있는데, 이것은 그 선법이 편리성과 용이성이 입증되었기에 가능한 것으로 추정할 수 있다. 이오니아 선법은 루터 이후 바로크의 프로테스탄트 신자인 바흐에 많은 영향을 주었는데, 그 예시로 바흐의 코랄 편곡집에서 루터의 23개의 곡을 다양한 방법으로 편곡한 곡에서도 이오니아의 사용이 두드러짐을 알 수가 있다.

루터의 음악관은 뿌리 깊은 중세의 음악관에서 기인한다. 그러나 그의 개혁적인 성향은 중세의 틀을 벗어나 과감하고 힘찬 역동적인 것이었다. 그는 음악을 무엇보다도 윤리적인 측면에 중점을 두었다. 음악은 사람을 선하게도

---

[199] 위의 논문, 32-33쪽.

악하게도 만든다고 하였다. 그러므로 스케일, 즉 선법의 선택은 코랄의 음악적, 신학적 배경을 잘 대변할 수 있는 선율이어야만 했을 것이다. 그러한 그의 생각이 이오니아 선법으로 반영되었던 것이다. 이오니아는 후에 장조스케일로 발전되는 선법으로서 근대 서양음악사의 기초를 제시한 선법이라고 할 수 있다. 코랄 창작의 방법은 기존 음계의 사용과 토속적인 가요양식의 접목과 전통적으로 전수되어 왔던 그레고리안 찬트의 활용 등으로 시대적 상황변화의 흐름에 입각한 창작이라고 볼 수 있다.

살펴본 바와 같이(what, why, how), 마틴 루터는 철저히 "음악의 적합화"라는 관점 아래서 자국(自國)인 독일의 선교를 위해 코랄이란 선교음악을 만들었으며, 그것을 유용하게 활용하여 그의 개혁적 선교를 전 유럽에 성공적으로 이끌었다. 이처럼 마틴 루터는 음악가였으며, 자기 나름대로의 5가지 음악철학과 2가지 음악신학에 기초하며 코랄이라는 자신만의 참신한 선교음악을 만들어 내었고, "적합화"에 기초한 그 선교음악을 통해 자국민 평신도들을 선교하고 교육하며, 더 나아가 전 유럽을 하나님께로 이끈 음악선교사였다. 이러한 그의 음악선교사로서의 모습은 오늘날 21세기 음악 선교의 좋은 역사적 본보기로 충분한 가치가 있다고 본다.

4장 누가 음악선교사인가? (who)

1. 소명과 사명

미국 사우스웨스턴 침례신학교(Southwestern Baptist Theological Seminary)의 윤리학 교수인 윌리엄 고프(William E. Goff)는 선교사들의 소명과 사명을 확인함에 있어 5가지 요소가 있음을 주장했다. 그 요소로는 1) 일반소명, 2) 소명과 영적은사의 관계, 3) 사도직에 대한 이해, 5) 소명과 하나님의 주권적인 의지관계, 6) 소명이 확인되는 과정이다.[1]

그러므로 소명(召命: calling)은 하나님으로부터의 거룩한 부름이며, 사명(使命: mission)은 하나님께로부터 부름 받은 사람에게 맡겨진 거룩한 사역이다. 이러한 소명과 사명은 둘 다 그 출발점과 근원지를 하나님께 두고 있다는 점에서 공통점을 가진다. 그러나 그 소명과 사명은 그것을 받는 선택된 사람의 입장과 형편에 따라 그 적용이 달라진다는 점에서 서로 차이점을 보인다. 그

---

1) William E. Goff, J. "Missionary Call and Service," in *Missiology*, ed. Terry Mark John, Smith Ebbie & Anderson Justice (Nashville, Tennessee: Broadman & Holman Publishers, 1998), pp. 334-346.

래서 소명과 사명은 서로 떨어질 수는 없으나(separate) 서로 구별되어야 한다(categorize). 그러나 그러면서도 둘은 또 서로 연결되어야 하는데, 그 이유는 소명에 대한 확신 없이 사명이 수행될 수 없고, 사명의 실천 없이 소명이 확인될 수 없기 때문이다.

물론 둘 사이에 무엇이 먼저인지 정해진 순서는 없다. 소명을 받은 뒤 사명으로 이어지는 경우도 있고, 사명을 수행하다가 뒤늦게 소명을 확인하는 경우도 있다. 물론 두 가지가 한꺼번에 동시에 발생하는 경우도 있다. 그러나 한 가지 중요한 사실은 이 세상의 모든 하나님의 사람들에게는 소명과 사명이 있다는 점이다. 그리고 그 소명과 사명을 빨리 깨닫고 확신을 가지며 그것을 붙들고 살아야 한다는 점이다.

당연히 이러한 조건은 음악사역자, 찬양사역자, 음악선교사로 대표되는 음악가들도 예외가 될 수 없다. 음악 연구가 패트릭 카바로우(Patrick Kavanaugh)는 바흐, 헨델, 하이든을 포함한 과거 12명의 유명한 클래식 작곡가의 영적인 삶을 그들이 작곡한 음악을 통해 추적해 봤다. 그리고 그 추적 작업을 통해 그 작곡가들이 자신의 곡을 통하여 말하려 했던 것과 그들이 믿고 있던 신앙고백이 어떤 것이었는지 알아냈다. 더 나아가 그들이 소명을 어떻게 받았고 사명을 어떻게 감당했는지 소개하고 있다. 한 가지 분명한 것은 그중에 소명과 사명 없는 음악가는 없었다는 점이다.[2]

2. 소명: 나는 광야의 음악이다(요 1:23)

음악선교사로서의 소명도 마찬가지이다. 음악선교가 있는 한 그 음악선교

---

2) Patrick Kavanaugh, *Spiritual Lives of the Great Composers* (Grand Rapids, Michigan: Zondervan, 1992), pp. 11-15.

를 위하여 하나님께서 부르신 사람이 있고, 그 부르심에 따라 사역을 감당해야 하는 사명을 받은 사람이 있다. 그러므로 음악선교사는 확실한 자신의 소명과 사명을 가지고 있어야 한다. 이렇게 중요한 음악선교사로서의 소명 확신은 성경 속 세례자 요한의 고백을 통해 유추해 볼 수 있다. 성경 속 세례자 요한은 다른 사람들이 "대체 당신은 누구요?"라고 물었을 때 "나는 광야에서 외치는 소리요."라고 자신 있게 대답했다(요 1:23). 세례자 요한은 아마도 태어날 때부터 부모님께로부터 들었던 자신의 탄생 이야기를 항상 마음에 담고 진정한 삶의 목적을 찾기 위해 이사야 선지자의 글(사 40:3)을 묵상하다가 자신의 소명과 사명을 재발견했으리라 생각한다.

그렇다면 우리는 음악선교자로서의 소명을 어떻게 확인할 수 있을까? 우리도 세례자 요한처럼 "나는 광야에서 외치는 소리(음악선교자요)"라고 자신 있게 말할 수 있도록 돕는 우리의 소명을 어디서 어떻게 확인하여야 할까? 이 질문에 대한 답으로 미국 사우스웨스턴 침례신학교(Southwestern Baptist Theological Seminary)의 헌트(T. W. Hunt) 교수는 음악선교사가 갖추어야 할 4가지 조건을 다음과 같이 제시했다. 1) 그들은 가장 먼저 잃어버린 영혼들을 향한 간절한 마음이 있어야 한다. 2) 그들은 음악에 대한 선교적 감각을 지니고 있어야 한다. 3) 그들은 교회음악이나 선교음악에 대한 형식적 신학훈련을 받거나 받을 수 있고, 더 나아가 그 분야에 알맞은 경험이 있는 사람이어야 한다(formal training and experience). 4) 그들 선교사역의 주요 비중이 음악적인 것이어야 한다.[3] 헌트 교수가 주장하는 바는 모름지기 위의 4가지 조건을 갖춘 사람은 일단 외형적으로나 기능적으로 음악선교사로 소명을 받았을 가능성이 있다는 뜻이다.

따라서 필자는 위에서 제시한 헌트 교수의 조건을 기준으로 삼아 필자가

---

3) T. W. Hunt, *Music in Missions: Discipling Through Music* (Eugene, Oregon: Wipf and Stock Publishers, 1987), p. 37.

개인적으로 판단하고 있는 소명 확인 기준을 5가지로 요약해서 소개하려 한다.

1) 아직까지 복음을 듣지 못한 지역과 사람에 대한 간절한 사랑이 있어야 한다. 이러한 마음은 그 사람에게도 내가 경험한 하나님의 사랑과 은혜를 전해 줄 필요가 있다는 강렬한 것이다. 그것은 단순한 동정이나 측은한 마음을 넘어선 예수 그리스도의 마음(심장)에서 나온 것이다(빌 1:8). 이것을 20세기 철학자 에마뉘엘 레비나스(Emmanuel Levinas)는 타자윤리(Ethic of the other/Other)라고 부르기도 했는데,[4] 음악선교사로서 소명을 받은 사람은 실제 외형의 몸은 본인 자신이나 정작 삶은 예수 그리스도의 삶을 살아가는 영적인 "셀룰러 메모리 현상"(Cellular Memory Phenomenon)을 경험해야 한다.[5]

2) 음악선교를 향한 간절한 마음이 있어야 한다. 음악선교만 생각하면 가슴이 뛰고, 흥분되며, 말로 표현할 수 없는 영적감동과 감격이 일어나야 한다. 그 영적감동은 이 세상의 모든 것을 다 흡수해 버릴 만큼의 강렬한 것이다. 만약 본인이 음악 외의 다른 방법으로도 더욱더 효과적인 선교사역을 할 수 있다고 생각된다면, 그것은 음악선교사가 아니라 그냥 일반 선교사역자이다. 음악선교사는 반드시 음악을 통한 선교방법이 자신의 주특기이고, 자신의 주무기임을 확신하며, 그것에 강한 영적 감동을 느끼는 사람이어야 한다. 밤을 새워 일을 하고 사역을 해도 몸은 피곤할지 모르나 영혼만은 깨끗해지고 신앙의 보람으로 가득 차는 그런 사람이어야 한다. 왜냐하면 음악선교는 일종의 전문선교이기 때문이다.

3) 음악에 대해 기본적으로 타고난 은사와 적성을 갖추고 있어야 한다. 이

---

4) 박원빈, 『레비나스와 기독교』 (서울: 북코리아, 2010), p. 13.
5) 셀룰러 메모리 현상(Cellular Memory Phenomenon)이란 다른 사람의 심장을 이식 받은 후 그 심장을 이식해 준 사람의 성향을 그대로 나타내는 변화를 말한다. 아직까지 과학적으로 정확히 인정되지는 않았으나 전 세계적으로 이러한 현상은 임상적으로 발생하고 있다. 참고하라. "심장의 기억" 『SBS 스페셜』 251회 (2011년 6월 19일).

것은 일반 음악계나 예술계에서도 불문율(不文律)처럼 인정되는 조건 중 하나이다. 그러므로 당연히 이러한 은사와 적성은 본인뿐만 아니라 주변사람들까지 인정하는 자타공인(自他共認)의 검증을 거친 것이야 한다. 하나님의 부르심에는 반드시 그 부르심에 맞는 은사가 포함되어 있다. 하나님께서 천지를 창조하실 때, 물고기는 바다에 살기 적합하도록 만드셨고, 독수리는 하늘을 날기에 알맞게 창조하셨으며, 원숭이는 나무에서 살기 수월하게 지으셨다. 그러한 하나님께서는 당신의 선교를 위해 귀하게 쓰실 음악선교사에게 그 사역에 적합한 은사와 적성을 안 주실 일이 없다. 반드시 주신다. 물론, 이러한 은사와 적성은 때에 따라 후천적으로 뒤늦게 발견되는 경우도 있다.

4) 자신의 음악선교사역을 통해 어느 정도의 회심(conversion)의 역사와 성령의 역사가 일어남을 미리 경험해야 한다. 양적으로나 질적으로, 어느 모양이나 형태로든지 자신의 사역을 통해 본서 앞에서 언급한 "2E의 역사"(experience and express)가 일어나고 있음을 본인 스스로 확인할 수 있어야 한다. 격투기 선수의 경우 실제로 링 위에서 상대편을 때려 봐야 자신의 주먹과 발차기가 얼마나 센지 알 수 있고, 100미터 달리기 선수는 실제로 운동장에서 달려봐야 자신이 얼마나 빠른지 알 수 있다. 마찬가지로, 음악선교사도 자신이 직접 음악선교사역에 투입되었을 때, 하나님께서 허락하시는 놀라운 "2E"의 역사를 직접 체험해 봐야 자신의 소명을 확신할 수 있다.

5) 주변의 모든 상황과 여건이 음악선교사의 길로 저절로 이끌어짐을 느껴야 한다. 마치 물 흐르듯이 그 방향으로 자신이 인도되고 있음을 직감할 수 있어야 한다. 본인이 의도했던 의도하지 않았던, 갑자기 급류에 휩쓸린 배가 자기 갈 길을 제대로 조정하지 못하고 방황하던 중 저항할 수 없는, 또 물길을 따라 자기도 모르는 사이에 어느 새 안전한 땅에 도착하는 듯한 느낌! 그러한 하나님의 인도하심! 불가항력적이면서도 잘 보이지 않는, 그러나 너무나 확실

한 하나님의 인도하심을 느껴야 한다. 그래서 결국, "아! 하나님이 나를 이곳에 이것 때문에 보내셨구나!"라는 고백이 나올 수 있어야 한다.

3. 사명: 노래, 찬양, 말(시 105:1-2)

시편 105편 1절-2절의 말씀은 음악선교사의 사명지침서라 할 수 있다. 하나님께서는 이 성경말씀을 통하여 음악선교사들에게 2가지를 말씀하고 계신다. 첫째는 음악선교사가 해야 할 일이다(사명). 먼저 1절 말씀은 "여호와께 감사하고 그의 이름을 불러 아뢰며 그가 하는 일을 만민 중에 알게 할지어다."라고 선포한다. 이 말씀을 보면 "만민 중에 알게 할지어다."라는 선언이 있다. 쉽게 말하면, 하나님의 이름과 하신 일을 알려라! 전하라! 알게 하라!는 뜻이다. 그러므로 1절 말씀은 우리가 해야 할 선교의 사명에 대한 말씀이다. 둘째는 음악선교사가 사명을 수행하는 방법이다. 2절 말씀에 나타나는데 특별히 3가지이다. "그에게 노래하며 그를 찬양하며 그의 모든 기이한 일들을 말할지어다(2절)." 여기서 눈여겨봐야 할 단어, 동사가 3가지 있다. 그것은 바로 "노래하다"(sing), "찬양하다"(praise), "말하다"(tell)이다. 이것은 선교의 3가지 실천방법을 뜻한다. 그러므로 시편 105편 1-2절의 1절 말씀은 선교의 사명을, 2절 말씀은 그 사명을 이루기 위한 구체적인 3가지 방법을 계시하신 것이다.

그렇다면 2절 말씀에 계시된 선교사명의 3가지 방법에 대해 좀 더 살펴보자. 이 3가지는 하나님을 전파한다는 선교적인 측면에서는 똑같은 공통분모를 지닌다. 그러나 그 표현방법에 있어서는 서로 차이점을 보인다.

1) 노래하라(sing)

이것은 그야말로 글자 그대로 노래를 뜻한다.

2) 찬양하라(praise)

이것은 노래 그 이상의 것이다. 물론 노래가 가지고 있는 음악적 요소를 포함하지만, 노래와 찬양은 다르다. 물론, 둘 다 성경적인 단어이다. 둘 다 성경에 나온다. 그러나 차이점이 있다면, 노래는 그야말로 음악에 그치지만 찬양은 하나님을 높이고 하나님을 자랑하고 하나님께 영광 돌리는, 인간이 할 수 있는 모든 종합적이고 총체적 반응과 표현 형태를 뜻한다. 물론 찬양 속에 노래가 들어 있다. 그리고 노래가 찬양의 많은 비중을 차지하는 것이 사실이다. 그러나 노래만이 찬양은 아니다. 그래서 노래와 찬양, 이 둘을 분리할 필요는 없지만(separate), 둘을 구분할 필요는 있다(categorize). 그래서 영어로도 "노래하다"는 "sing"이지만, "찬양하다"는 "sing"이 아닌 "praise"이다. 그러므로 이 세상에 그 어떤 것이든, 일단, 그것이 하나님을 드높이고 하나님께 영광 돌리는 것이라면, 찬양 즉 "praise"가 된다. - 노래, 춤, 동작, 글, 영화, 연극, 고백, 그 외 모든 것. 심지어 설교자가 설교 중에 "우리 하나님은 위대하십니다.", "우리 하나님께서는 전지전능하신 놀라운 분이십니다."라고 말하는 선포적 행위도 찬양이 될 수 있다. 물론 노래는 아니다. 그러나 찬양은 될 수 있다. 그래서 필자가 개인적으로 주장한 것이 있다. "설교하며 찬양하고, 찬양으로 설교한다." "찬양하듯 설교하고, 설교하듯 찬양한다." 이 2가지 표어는, 필자가 이 분야에 대해서 나름대로 공부하고, 실제로 사역하면서 얻게 된 하나의 신학적 체계이자 개인 나름대로의 사역지침이다. 이것이 찬양이다. 하나님을 높이는 인간의 모든 총체적 표현방식! 그것으로 복음을 전파하라는 뜻이다.

3) 말하라(tell)

이것은 그야말로 우리가 사용하는 말의 언어(verbal language and oral expression)로 하나님을 전하는 것이다. 대표적인 것이 설교, 선포, 간증, 연설, 대담, 낭독, 인터뷰 등이다.

지금까지 본 것! "노래", "찬양", "말" 이 3가지가 하나님께서 시편 105편 1-2절의 말씀을 통하여 음악선교자가 된 우리에게 계시하신 선교의 사명이요 방법론이다. - 노래(sing), 찬양(praise), 말(tell). 그러므로 어떤 면에서 넓게 이야기하자면, 노래하고 찬양하고 말할 수 있는 모든 사람은 다 예배자요! 다 찬양자요! 다 음악선교사이다. 만약 당신이 노래할 수 있다면, 만약 당신이 찬양할 수 있다면, 당신이 말할 수 있다면, 당신은 이미 음악선교사로서의 최소한의 자격을 갖춘 사람이요, 당신은 이미 하나님께서 음악선교사로 부른 사람이다. 누가 음악선교사인가? 바로 이 책을 읽고 있는 당신이다!

맺는 말

이제 『추적! 음악선교는 가능한가?』의 마지막까지 왔다. 필자는 본서를 시작하며 첫 머리에서 본서의 집필 목적을 아래와 같이 소개했다.

> 본서의 집필목적은 분명하다. 첫째, 이 책의 제목인 『추적! 음악선교는 가능한가?』라는 질문에 "그것은 충분히 가능하다!"는 매우 긍정적인 해답을 내리고, 둘째, 음악선교의 필요성과 기본신학 및 방법론과 역사적 사례를 소개하며, 끝으로, 21세기는 음악선교가 필요한 시기이며 동시에 음악선교를 통해 하나님의 구원사역이 확대되는 세기임을 주장하는 데 있다.

그리고 이 목적을 이루기 위해 본서는 크게 총 4단계의 추적과정을 거쳤다. ① Why: 선교에 왜 음악이 필요한가? ② What: 음악선교란 무엇인가? ③ How: 음악선교를 어떻게 하는가? ④ Who: 누가 음악선교사인가? 결과적으로 이러한 추적과정이 본서의 집필목적에 얼마나 "적합화"(appropriateness)되었는지는 지금 이 책을 끝까지 읽어 주신 고마운 독자제현(讀者諸賢)들의 자유로운 판단과 성실한 평가에 맡기겠다.

특별히 필자가 음악선교의 가능성을 추적하는 과정에서 사도 바울과 마틴 루터를 중심으로 진행한 이유가 있다. 왜냐하면 음악선교란 모름지기 하나님의 은혜를 중심으로 진행된 종교개혁정신에 기초해야 하기 때문이다. 일찍이 하나님께서는 성경말씀을 통하여 우리에게 다음과 같이 말씀하셨다.

> 옛날을 기억하라 역대의 연대를 생각하라(신 32:7).
> 옛적 길 곧 선한 길이 어디인지 알아보고 그리로 가라(렘 6:16).
> 싯딤에서부터 길갈까지의 일을 기억하라(미 6:5).

이것은 하나님께서 우리에게 주신 성서적 온고지신(溫故知新), 신앙적 타산지석(他山之石), 역사적 법고창신(法古創新)의 보훈(寶訓)이다. 즉, 과거의 역사적 사례를 통하여 현재와 미래의 문제를 재정립하는 교훈의 말씀이란 뜻이다. 바로 여기에 우리가 16세기 종교개혁의 관점에서 21세기 오늘날의 선교를 재조망해 봐야 할 이유가 있다. "개신교는 -어느 나라의 경우이든지- 종교개혁에 뿌리를 두고 자신들의 역사적 정체성을 이해한다."¹라는 말이 있듯이, 현재 기독교의 모든 문제는 과거 종교개혁의 관점에서 한번 재점검해 볼 필요가 있다. 특별히 21세기의 문제는 더욱더 그러하다. 왜냐하면 오늘날 21세기처럼 과거 16세기에 있었던 개혁을 갈망하는 세기는 없었다고 생각될 정도로 오늘날 21세기는 제2의 종교개혁을 꿈꾸고 있기 때문이다.² 이러한 시대적 요구를 강석형 박사와 정성욱 박사는 다음과 같이 기술한다.

새 밀레니엄 시대에 우리의 선교는 어떠한 모습을 갖추어 가야 할 것인가? 이 질

---

1) 홍정수, "종교개혁과 오늘날 한국 교회음악," 『연세음악연구』 제4집 (1996): pp. 45-46.
2) 정승훈, 『종교개혁과 21세기』 (서울: 대한기독교서회, 2001), pp. 5-7.

문에 답하기 위해 우리는 지난 밀레니엄 시대의 선교역사로부터 교훈을 찾아야만 할 것이다. 왜냐하면 우리는 선교역사로부터 교회의 선교적 경험의 중요한 부분들에 대한 폭넓은 지식을 얻을 수 있기 때문이다. 그리고 … 다가오는 시대 상황의 다원성 속에서 적합한 선교적 결정을 내리기 위해 과거 선교역사에서 일어났던 일들을 참조할 수 있다.[3]

교회의 개혁은 어떤 특정한 시대에 국한된 일일 수 없습니다. … "한 번 개혁된 교회는 항상 개혁하는 교회(ecclesia reformata, ecclesia semper reformanda; the church once reformed is a church which must always be reforming itself)로 남아야 한다는 것입니다."[4]

이러한 관점에서 볼 때, 현재 일부 한국교회의 상황은 종교개혁이 일어나기 직전 15세기 말의 유럽 중세교회의 상황과 상당히 비슷한 양상을 보여 주고 있다. … 현재의 한국교회에는 새로운 개혁 운동과 부흥 운동이 절박하고 시급하게 요청되고 있다.[5]

이처럼 과거 역사 속에서 종교개혁은 그야말로 우리 개신교의 원점이요, 근원이었다. 그리고 오늘날 21세기는 과거 16세기가 요구하던 새로운 개혁을 꿈꾸고 있다. 그렇다면 당연히 이를 위해 오늘날의 음악선교도 16세기 종교개혁의 관점에서 21세기를 다시 점검해야 할 필요성이 있다. 그런데 16세기 종교개혁의 관점이란 바로 마틴 루터의 관점이라고 해도 과언이 아니다. 왜냐하면 우리가 다 인정하듯이 마틴 루터는 종교개혁의 문을 연 종교개혁의 아버지이

---

3) 강석형, "프로테스탄트의 선교역사," 한국선교신학회 엮음, 『선교학 개론』 (서울: 대한기독교서회, 2001), p. 101.
4) 정성욱, 『개혁 & 개혁』 (서울: 부흥과 개혁사, 1999), p. 10.
5) 위의 책, p. 27.

기 때문이다. 바로 여기에 오늘날의 21세기의 음악선교를 마틴 루터의 관점에서 바라봐야 할 이유가 있다. 특별히 조숙자 교수는 음악선교가 기독교만의 강점임을 다음과 같이 주장한다.

> 세계의 종교라고 하면 여러 개를 꼽을 수 있겠지만, 어느 특정한 종교를 두고 말할 때 그 집단 안에서나 또는 그 집단 밖을 향해서 음악이라고 하는 매체를 가장 효과적으로 구사하고 있는 종교는 오직 기독교뿐이라고 말할 수 있을 것 같다. 이 장점을 외국에서의 선교에서도 기독교의 토착화라고 하는 관점에서 최대한으로 살려 나가야 할 것으로 생각된다.[6]

바야흐로 21세기 한국 기독교는 "찬양의 홍수시대"로 접어들었다. 필자는 개인적으로 이것이 하나님의 저주를 불러오는 노아 때의 홍수가 아닌(창 7:1-24), 거룩한 하나님의 성전 문지방에서 흘러내린 에스겔 때의 회복과 은혜의 홍수가 되기를 간절히 기도한다(겔 45:1-12). 이와 같은 뜻에서 김병삼 교수(협성대학교)는 특별히 우리가 이제 이 시대에 성령 하나님께서 어디로 움직이고 계신지 아주 민감한 영적감각을 가지고 잘 살피며 준비할 필요가 있다고 주장한다.

> 성령의 사역도 유행이 있다. … 여기서 유행이란 시류(時流)를 따라가는 것이 아니라 성령이 원하시는 사역의 방향이 시대와 장소에 따라 다르게 역사한다는 말이다. … 6,70년대 한국교회는 "심령 부흥회" … 그 후 한국교회는 "성서공부"라는 흐름 … 80년대 후반에 이르러서는 "찬양 사역"이라는 커다란 물줄기가 형성되기 시작 … 다음 성령의 역사는 어떤 흐름과 방향에 따라 움직일 것이냐?[7]

---

6) 조숙자, "音樂과 宣敎,"『기독교사상』, p. 164.
7) 김병삼, "열린예배 논쟁,"『기독교사상』제 491호 (1999. 11): p. 201.

물론 위의 인용문은 한국교회에 국한된 것이나, 필자는 이것을 감히 세계를 향한 음악선교에 대입하여 다음과 같이 제안하고 싶다.

21세기 세계선교를 향한 성령 하나님의 역사는 음악선교의 흐름과 방향이다! 그러므로 이제부터라도 찬양사역은 물론 음악선교사역에 대한 깊은 관심과 아낌없는 투자가 살아나야 할 것이다. 가장 먼저 각 신학교와 선교사 훈련소에 "음악선교"에 대한 과목이 새롭게 개설되어야 하며, 현재 활동 중인 음악선교단체와 공동체를 향한 신학적 재교육도 필요하다.

미국 드류 대학교(Drew University)의 예배음악학 교수인 앤 야들리(A. B. Yardley)는 "만약에 신학교에서 다양한 학위과정 형태로 음악을 위한 교육과정을 개설한다면 목회자가 되기 위해 수련 중인 목회학석사(M.Div) 과정의 신학생들에게 많은 도움을 줄 수 있을 것이다."[8]라고 권유했고, 미국의 스텐리 모어(Stanely Moore) 교수 또한 음악선교의 밝은 미래를 위해서는 각 신학교마다 하루 속히 음악선교학과를 개설하여 민속음악학(ethnomusicological skills) 및 타문화권을 위한 "적합화 음악학"을 선교사 훈련의 필수과목으로 개설해야 됨을 강조했으며,[9] 미국의 헌트(T. W. Hunt) 교수도 음악선교는 선교사뿐만 아니라 복음을 전파하는 소명과 사명을 가진 모든 사람들에게 필요한 필수훈련과정이라 말했다.

이렇게 상세한 성경의 기준에 비추어 볼 때, 음악선교사뿐만 아니라 복음사역을 수행하고 있는 모든 사람은 마치 설교의 달인이 보여 주는 그 정교함과 숙달됨을

---

8) Anne Bagnall Yardley, "Teaching Music in the Seminary," *Teaching Tehology & Religion*, Vol. 6, No. 3. (July, 2003): p. 170.
9) Stanley Moore, "Strategies for Music in Missions," *in Missiology*, ed. Terry Mark John, Smith Ebbie & Anderson Justice, pp. 570-571.

음악을 통해 보여 줄 수 있도록 해야 한다. 왜냐하면 모든 유능한 복음전도자들은 대부분 음악을 사용해 왔기 때문이다.[10]

따라서 이제 음악선교는 일반 선교과목의 한 장(chapter)으로 다루어질 것이 아니라 완전히 독립된 선교학과로 인정되어야 할 때가 온 것이다. 필자는 이러한 염원(念願)을 가지고 『추적! 음악선교는 가능한가?』라는 책을 저술했고 이제 그 마침표를 찍으려 한다. 간절히 소망하기는, 이 추적의 결과로 말미암아 오늘날 음악선교사역의 문제 중 하나인 음악선교활동과 음악선교신학의 부조화가 조금이라도 좁혀지고, 음악선교에 대한 지대한 관심과 투자가 이루어지길 바란다. 정말 그렇게 된다면, 필자에게는 그보다 더한 보람과 감사는 없을 것이다.

이 세상의 모든 찬양사역자와 음악선교사들이여!
"설교하며 찬양하고, 찬양으로 설교하라!"
"설교하듯 찬양하며, 찬양하듯 설교하라!"

모든 영광을 하나님께(Soli Deo Gloria)!!

---

[10] T. W. Hunt, *Music in Missions: Discipling Through Music* (Eugene, Oregon: Wipf and Stock Publishers, 1987), p. 46.

참고문헌

외국문헌

Allen, Roland. *Missionary Methods: St. Paul's or Ours?* London: World Dominion Press, 1960.

Anderson, Justice. "An Overview of Missiology." in *Missiology*, ed. Terry Mark John, Smith Ebbie & Anderson Justice. Nashville, Tennessee: Broadman & Holman Publishers, 1998.

Avery, Tom. "Music of the Heart." *Mission Frontiers Bulletin*. (May-August, 1996), pp. 13-15.

Barclay, William. *The Mind of Jesus*. New York and Evanston: Harper & Low Publishers, 1961.

Baird, William. *The Corinthian Church-A Biblical Approach to Urban Culture*. New York, Nashville: Abingdon Press, 1964.

Barth, Karl. *Wolfgang Amadeus Mozart*, trans. Clarence K. Pott, foreword by John Updike. Grand Rapids Michigan: Eerdmans, 1986.

Baue, Frederic. "The Protestant Song from Luther to Marot to Campion." *Concordia Journal*. Vol. 24, No. 1 (January 1988): pp. 21-35.

Bayer, Oswald. "The Modern Narcissus." *Lutheran Quarterly* 9 (1995): pp. 301-313.

_____. "Martin Luther," in *The Reformation Theologians*, ed., Carter Lindberg. Malden, Massachusetts: Blackwell Publishers Inc,

2002.

Bosch, David J. *Witness to the World: the Christian Mission in Theological Perspective*. Atlanta, Georgia, John Knox Press, 1980.

_____. *Transforming Mission: Paradigm Shifts in Theological of Mission*. Maryknoll, New York: Orbis Books, 1993.

_____. *Believing in the Future: Toward a Missiology of Western Culture*. Valley Forge: Trinity Press International, 1995.

_____. "Reflections on Biblical Models of Mission." James M. Phillips & Robert T. Coote ed., *Toward the 21st Century in Christian Mission*. Grand Rapids, Michigan: William B. Eerdmans Publishing Company, 1998.

Benson, Dennis C. *Creative Worship in Youth Ministry*. Loveland, Colorado: Group Books, 1985.

Bergt, Robert R. "Bach as Preacher: Timelsss, Yet Timely," in *Bach in Today's Parish: Still the Evangelist*. Tenth Annual Conference, November 1-3, 2009.

Bevans, Stephen B. *Models of Contextual Theology*. New York: Orbis Books, 1992.

Blacking, John. *How Musical Is Man?* Seattle: University of Washington Press, 1973.

_____. *Music, Culture, and Experience: Selected Papers of John Blacking*. Chicago: The University of Chicago Press, 1995.

Booth, Wayne C, Colomb, Gregory and G, Williams, Joseph. *The Craft of Research*. Chicago: The University of Chicago Press, 2003.

Briscoe, Stuart. *Where Was the Church When the Youth Exploded?* Grand Rapids, Michigan: Zondervan Publishing House, 1972.

Bruce, F. F. *Paul: Apostle of the Heart Set Free*. Grand Rapids, Michigan: Wm. B. Eerdmans Publishing Co., 1998.

Bunkowsky, Eugene W. "Was Luther a Missionary?." in Kurt E. Marquart, John R. Stephenson, and Bjarne W. Teigen, eds., *A Lively Legacy: Essays in Honor of Robert Preus*. Fort Wayne, IN: Concordia Theological Seminary, 1985.

_____. "Was Luther a Missionary?." in *The Lutherans In Mission: Essays in Honor of Won Yong Ji*. Fort Wayne, IN: Concordia Theological Seminary Press, 2000.

Bunkowske, Joel W. "Church-Mission-Music." in *The Lutherans In Mission: Essays in Honor of Won Yong Ji*. Fort Wayne, IN: Concordia Theological Seminary Press, 2000.

Brand, Eugene. "Luther: The theologian of music." *Pastoral Music*. (1984, 5): p. 21.

Brooks, Philips. *Eight Lecture on Preaching*. London: S.P.C.K., 1959.

Buszin, Walter E. *Luther On Music*, ed. Johnnes Riedel, Pamphlet Series No. 3. St. Paul: Lutheran Society for Worship, Music and the Arts, 1958.

Calvin, John. *Institutes of the Christian Religion III*, trans, Ford Lewis Battles. Philadelphia: The Westminster Press, 1990.

_____. "Letter to the Reader (1542)." Ford Lewis Battles trans. "The Form of Prayers and Songs of the Church." *Calvin Theological*

Journal, Vol. 15 (April, 1980-November 1980): pp. 160-165.

_____. *Commentaries on Genesis*. Vol. 1. Grand Rapid, Michigan: Wm. B. Eerdmans Publishing Company, 1948.

Colson, Charles. *Developing a Christian Worldview of the Christian in Today's Culture*. Wheaton, Illinois: Tyndane House, 1999.

Cook, Harold R. *Missionary Life and Work*. Chicago: Moody Press, 1959.

Corbitt, Nathan J. *The Sound of the Harvest: Music's Mission in Church and Culture*. Grand Rapids, Michigan: Baker Book, 1998.

Crawford, Evans E. *The Hum: Call and Response in African American Preaching*. Nashville: Abingdon Press: 1995.

Dahling, Daniel F. "*An Analysis of Comtemporary Popular Christian Music*" M. Div Diss., Concordia Theological Seminary, 1983.

Dillenberger, John. *Martin Luther Selections From His Writings*. New York: Doubleday & Company, 1961.

Edwards, Mark and Tavard, George. *Luther: A Reformer for the Churches*. Philadelphia: Fortress Press, 1983.

Eggert, Kurt J. "Luther, The Musician." *Lutheran Synod Quarterly.* Vol. XXIX (March 1989): pp. 1-18.

_____. "Music, Hymnody, Liturgy and Worship." *Lutheran Synod Quarterly.* Vol. XXIX (March 1989): pp. 19-40.

Elwell, Walter A. ed., *Baker Encyclopaedia of the Bible*. Grand Rapids: Baker Books, 1988.

Escott, H. *Issac Watts, Hymnographer*, London: Independent Press, 1962.

Fleming, Bruce. *Contextualization of Theology.* Pasadena, CA: Willicam

Carey Library, 1980.

Foley, Capuchin Edward. "Martin Luther: A Model Pastoral Musician." *Current in Theology and Mission* (December 1987): pp. 405-418.

Frith, S. "Why Do Songs Have Words?," in *Music for Pleasure: Essay in the Sociology of Pop*, ed., S. Frith. Cambridge: Polity, 1988.

Goff, William E. "Missionary Call and Service." in *Missiology*, ed. Terry Mark John, Smith Ebbie & Anderson Justice. Nashville, Tennessee: Broadman & Holman Publishers, 1998.

Gonzalez, Justo L. *The Story of Christianity: The Early Church to the Present Day*, Complete in One Volume. New York: Prince Press, 2001.

Hart, Lowell. *Satan's Music Exposed*. Pennsylvania: Salem Kirban, 1980.

Hartenstein, Karl. "Theologische Besinnung," *Mission zwischen Gestern und Morgen*, ed. W. Freytag. Stuttgart: Evangelischer Missionsverlag, 1952.

Hesselgrave, David J. and Rommen, Edward. *Contextualization: Meaning, Methods and Models*. Grand Rapids, Michigan: Baker Books, 1989.

Hesslegrave, David J. *Today's Choices for Tomorrow's Mission*. Grand Rapids, MI: Zondervan Publishing House, 1990.

Hiebert, Paul G. *Anthropological Insights for Missionaries*. Grand Rapids, Michigan: Baker Book House, 1985.

Hiebert, Paul G. and Hiebert Meneses, Elois. *Incarnational Ministry*. Grand Rapids, Michigan: Baker books, 1995.

Hijleh, Mark. *The Music of Jesus: From Composition to Koinonia*. New

York: Writers Club Press, 2001.

Hodges, Catherine. "The Batak Heresy." *Mission Frontiers Bulletin*. (May-August, 1996), p. 16.

Hoetty-Nickel, Theodore. "Luther and Music." in *Luther and Culture*, Martin Luther Lectures, vol. 4. Decorah, Iowa: Luther College Press, 1960.

Hofreiter, Paul W. "Bach and the Divine Service: The B Minor Mass." *Concordia Journal* (December 2002): p. 224.

Hunt, T. W. *Music In Missions: Discipling Through Music*. Eugene, Oregon: Wipf and Stock Publishers, 1987.

Hustad, Donald P. *Jubilate!: Church Music in the Evangelical Tradition*. Carol Stream, IL: Hope Publishing Company, 1981.

_____. *Jubilate II: Church Music in Worship and Renewal*. Carol Stream, IL: Hope Publishing Company, 1993.

_____. "Doxology: a Biblical Triad," *Ex Auditu*, Vol. 8, (1992): pp. 1-21.

Jacobs, Donald R. "Contextualization in Mission." James M. Phillips& Robert T. Coote ed., *Toward the 21st Century in Christian Mission*. Grand Rapids, Michigan: William B. Eerdmans Publishing Company, 1998.

Jahsmann, Allan Hart. *Power Beyond Words*. Saint Louis: Concordia Publishing House, 1969.

Ji, Won Yong. *A History of Lutheranism in Korea*. St. Louis: Concordia Seminary, 1988.

John W. Creswell. *Qualitative Inquiry and Research Design: Choosing Among Five Traditions*. London: SAGE, 1988

John, Spenser. *Sacred Symphony, and Protest and Praise: Sacred Music of Black Religion*. Minneapolis: Fortress Press, 1990.

Junghans, Helmar. "Luther on the Reform of Worship." *Lutheran Quarterly*, Vol. XIII, No. 3 (Autumn 1999): pp. 315-336.

Kavanaugh, Patrick. *Spiritual Lives of the Great Composers*. Grand Rapids, Michigan: Zondervan, 1992.

Kerr, Phil. *Music in Evangelism*. Glendale, California: Gospel Music Publishers, 1939.

Kim, Chulwoong. "*The Impact of Contemporary Christian Music for Young Christians In Korea On Their Five Experiential Domains of Meaning.*" Ph. D. diss., Concordia Theological Seminary, 2007.

King, Roberta R. "Variations on a Theme of Appropriate Contextualization: Music Lessons from Africa," in *Appropriate Christianity*, ed. Kraft, Charles H. (Pasadena, California: William Carey Library, 2005), pp. 309-324.

King, Roberta R. Kidula, Jean Ngoya. Krabill, James and Oduro, Thomas. *Music in the Life of the African Church*. Waco, Texas: Baylor University Press, 2008.

Kirk, J. Andrew. *What Is Mission?: Theological Explorations*. Minneapolis: Fortress Press, 2002.

Kostlin, Julian. *The Theology of Martin Luther*, translated by Charles E. Hay. Philadelphia: Lutheran Publication Society, 1897, Reprint St.

Louis: Concordia, 1986.

Kraft, Charles H. *Christianity in Culture and Communication Theory for Christian Witness*. Maryknoll, New York: Orbis books, 1984.

_____. *Anthropology for Christian Witness*. Maryknoll, New York, 2003.

_____. ed., *Appropriate Christianity*. Pasadena, California: William Carey Library, 2005.

_____. "Why Appropriate?," in *Appropriate Christianity*, ed. Kraft, Charles H. Pasadena, California: William Carey Library, 2005.

_____. "Why Isn't Contextualization Implemented?." in *Appropriate Christianity*, ed. Kraft, Charles H. Pasadena, California: William Carey Library, 2005.

Larson, Bob. *Rock & Roll: The Devil's Diversion*. McCook, Nebraska: Bob Larson Publisher, 1967.

Latourette, Keneth Scott. *Three Centuries of Advance: A. D. 1500-1800, vol. 3, A History of the Expansion of Christianity*. New York: Harper & Brothers, 1939.

Leaver, Robin A. *J. S. Bach as Preacher: His Passions and Music in Worship*. St. Louis: Concordia Publishing House, 1982.

_____. "The Man Luther: Musician." *The Lutheran Witness* (1983, December): pp. 6-7.

_____. *J. S. Bach and Scripture: Glasses from the Calov Bible Commentary*. St. Louis: Concordia Publishing House, 1985.

_____. *The Theological Character of Music in Worship*. Saint

Louis: Concordia Publishing House, 1989.

_____. "Theological Consistency, Liturgical Integrity, and Musical Hermeneutics in Luther's Liturgical Reforms," *The Lutheran Quarterly*. Vol. IX, No. 2, (Summer 1995): 117-38.

_____. "Luther's Catechism Hymns." *Lutheran Quarterly*. Vol. XI, No. 4 (Winter 1997): pp. 397-422.

_____. "Liturgical Music as Homily and Hermeneutic." in *Liturgy and Music*. Collegeville: the Liturgical Press, 1998.

_____. "Luther and Bach, the "Deutsche Messe" and the Music of Worship," *Lutheran Quarterly*. Vol. XV, No. 3, Autumn, 2001.

_____. *Luther's Liturgical Music: Principles and Implications*. Grand Rapids, Michigan: William B. Eerdmans Publishing Company, 2007.

_____. "Johannes Sebastian Bach and the Lutheran Understanding of Music." *Lutheran Quarterly* 16 (Spring 2002): pp. 21-47.

Lee, Sang Il. "*A Study of Full Time Ministers of Music and Their Senior Pastors in Korean Immigrant Churches in the United States.*" Ph. D. diss., Southwestern Baptist Theological Seminary, 2008.

Leupold, Ulrich S. "Learning From Luther?." *Journal of Church Music*. Vol. 8, No. 7 (July-August 1966): pp. 2-5.

Liesch, Barry. *The New Worship: Straight Talk on Music and the Church*, Expanded Edition. Grand Rapids, Michigan: Baker Books, 2002.

Lloyd-Jones, D. Martyn. *Singing to the Lord*. Wales: Bryntirion Press,

2003.

Long, Thomas G. *The Witness of Preaching*. Louisville, Kentucky, Westminster / John Knox Press, 1989.

Luther, Martin. D. *Martin Luthers Werke. Kritische Gesamtausgabe. Schriften*. 68 vols. Weimar: Herman B?hlaus Nachfolger, 1883-1999.

_____. *Luther's Works: American Edition*. 55 Volumes. St. Louis: Concordia and Philadelphia: Fortress, 1955-1986.

_____. "Luther's Road to the Reformation." in *The Reformation: Material or Spiritual?*. ed. Lewis W. Spitz. Boston, D. C. Heath and Company, 1962.

_____. "The Freedom of a Christian," In *Three Treatises*, Reprinted from the American Edition of Luther's Works and Revised by J. Atkinson. Minneapolis, MN: Augsburg Fortress Publisher, 1957.

_____. "The Babylonian Captivity of the Chruch," In *Three Treatises*. Minneapolis, MN: Augsburg Fortress Publisher, 1959.

_____. "Luther's Road to the Reformation." in *The Reformation: Material or Spiritual?*. ed. Lewis W. Spitz. Boston, D. C. Heath and Company, 1962.

_____. "Address to the Christian Nobility of the German Nation," In *Three Treatises*. Minneapolis, MN: Augsburg Fortress Publisher, 1973.

_____. *Reading the Psalms with Luther*. St. Louis: Concordia Publishing House, 2007.

_____. A New Song Now Shall Be Begun, With con. David A.

Johnson & other Lutheran Musicians, *Martin Luther: Hymns, Ballads, Chants*, Truth, 4-CD Set, Compact Disc, 1-Fourth Track, 2004.

Luther's Works: American Edition. 55 Volumes. St. Louis: Concordia and Philadelphia: Fortress, 1955-1986.

Madson, Paul G. "The Incarnation in Luther's Hymns." *Lutheran Synod Quarterly*. Vol. 37, No. 4 (December 1997): pp. 9-33.

Makujina, John. *Measuring the Music: Another Look at the Contemporary Christian Music Debate*. Second Edition. Willo Street, PA: Old Paths Publication, 2002.

Marius, Richard. *Martin Luther: The Christian Between God and Death. Cambridge*, Massachusetts: The Belknap Press of Harvard University Press, 1999.

Masters, Peter. *Worship in the Melting Pot*. London: The Wakeman Trust, 2002.

Miller, Steve. *The Contemporary Christian Music Debate: Worldly Compromise or Agent of Renewal?* Waynesboro, Georgia: OM literature, 1993.

Mitchell, Robert H. *Ministry and Music*. Philadelphia: The Westminster Press, 1973.

_____. *I Don't Like That Music*. Carol Stream, IL: Hope Publication, 1993.

Moore, Stanley. "Strategies for Music in Missions," in *Missiology*, ed. Terry Mark John, Smith Ebbie & Anderson Justice (Nashville, Tennessee: Broadman & Holman Publishers, 1998), 559-571.

Mouw, Richard J. "Christian Theology and Cultural Plurality." *The Scottish Bulletin of Evangelical Theology* 5 (1987, 2): 185-96.

Murray, John. *The Epistle to the Romans*. Grand Rapids, Michigan: Wm. B. Eerdmans Publishing Co., 1959.

Naumann, M. J. "Bach the Preacher," *The Little Bach Book*, ed. T.Hoelty-Nickel. Valparaiso, Indiana, 1950.

Nettl, Paul. *Luther and Music*. Translated by Frida Best and Ralph Wood. Philadelphia: Muhlenberg Press, 1948. Reprint New York: Russel & Russel, 1967.

Newbigin, Lesslie. *The Gospel in a Pluralist Society*. Grand Rapids, Michigan, William B. Eerdmans Publishing Company, 1989.

Oberg, Ingemar. Luther och varldsmissionen, Dean Apel trans., *Luther and World Mission*. Saint Louis: Concordia Publishing House, 2007.

Park, Robert. "Reflections of Communication and Culture." in *Reader in Public Opinion and Communication*, (ed), Bernard Berelson and Morris Janowits, 2nd edition. New York: Free Press, 1966.

Pattison, T. Harwood. *Public Worship*. Philadelphia: American Baptist Publication Society, 1900.

Patrick, Millar. *The Story of the Church's Song*. Richmond, Virginia: John Knox Press, 1962.

Paul, Lang Henry. *Music in Western Civilization*. New York: W. W. Norton & Company Inc, 1941.

Payton, Leonard R. *Reforming Our Worship Music*. Wheaton, Illinois: Crossway Books, 1999.

Peters Steve and Littleton, Mark. *Truth about Rock: Shattering the Myth of Harmless Music*. Minneapolis. Minnesota: Bethany House Publishers, 1998.

Peters, Dan & Peters, Steve. *Why Knock Rock*. Minneapolis, Minnesota: Bethany House Publishers, 1984.

Peters, Dan. Peters, Steve. & Merrill, Cher. *What About Christian Rock?* Minneapolis, Minnesota: Bethany House Publishers, 1986.

Pietsch, Helen. "On Luther's Understanding of Music," *Lutheran Theological Journal*. Vol. 26, No. 3 (December 1992): pp. 160-167.

Pike, Alfred. *A Phenomenological Analysis of Musical Experience and Other Related Essays*. New York: St. John's University Press, 1970

Pink, Arthur W. *The Sovereignty of God*. FL: Mt. Zion Publications, 1996.

Plass, Ewald M. *What Luther Says*. St. Louis: Concordia Publishing House, 1959.

Popjes, Jack. "Music to Their Ears." *Mission Frontiers Bulletin*. (May-August, 1996), pp. 13-15.

Powell, Mark Allan. "Why Should the Fundies Have All the Good Music?" *Trinity Seminary Review*. Vol. 18, No. 1 (Summer 1996): pp. 29-41.

_____. *Encyclopedia of Contemporary Christian Music*. Peabody, Massachusetts: Hendrickson Publishers, Inc, 2002.

Preus, Klemet. "Contemporary Christian Music: An Evaluation." *Concordia Theological Quarterly*, Vol. 51, No. 1 (January 1987): p. 1.

Preus, Robert D. "Luther the Communicator." in *God's Communicators in Mission*. Eugene W. Bunkowske and Richard French ed., Fort Wayne, IN: Concordia Theological Press, 1988.

Rabey, Steve. "Fish House: A Christian Music Ministry." *The Lutheran Witness*, (December, 1983): pp. 17-18.

Resch, Richard C. "Luthetr's Hymns, Part II: The Psalms, Canticles, and Newly Composed Hymns." ed., Daniel Zager, *Luther on Liturgy and Hymns*. Fort Wayne, IN: Concordia Theological Seminary Press, 2006, pp. 77-86.

Reed, Luther D. "Luther and Congregational Song." in *The Paper of the Hymn Society*. ed., Carl F. Price (New York: The Hymn Society of America, 1947.

Reid, J. K. S. ed, *Calvin: Theological Treatises*, Library of Christian Classic. The Westminster Press, 2000.

Resch, Richard C. "Luthter's Hymns, Part II: The Psalms, Canticles, and Newly Composed Hymns." ed., Daniel Zager, *Luther on Liturgy and Hymns*. Fort Wayne, IN: Concordia Theological Seminary Press, 2006.

Rheenen, Gailyn Van. *Missions: Biblical Foundations & Contemporary Strategies*. Grand Rapids, Michigan: Zondervan Publishing House, 1996.

Ridderbos, Herman. *Paulus: Ontwerp van zijn theologie*, trans., John Richard De Witt, *Paul: An Outline of His Theology*. Grand Rapids, Michigan: William B. Eerdmans Publishing Company, 1975.

Robin, Sylvan. *Traces of the Spirit: The Religious Dimensions of Popular*

Music. New York: New York University Press, 2002.

Roland H. Bainton, *Here I Stand: A Life of Martin Luther*. Nashville, Tennessee: Abingdon Press, 1995.

Scaer, David P. "Johann Sebastian Bach as Lutheran Theologian." *Concordia Theological Quarterly* Vol. 68 (July/October 2004): p. 328.

Schalk, Carl F. *Key Words in Church Music*. St. Louis: Concordia Publishing House, 1978.

_____. *Music in Lutheran Worship*. St Louis, MO: Concordia Publishing House, 1983.

_____. *The Hymn of the Day and Its Use in Lutheran Worship*. St. Louis, MO: Concordia Publishing House, 1983.

_____. *Luther On Music*. St. Louis, MO: Concordia Publishing House. 1988.

_____. "Church Music in the 90s: Problems and Prognoses." *The Christian Century* (March 21-28, 1990): pp. 307-308.

_____. "Luther on Music Revisited: Reassessing Luther's Thought on Music for Today." In *Luther on Liturgy and Hymns*. ed., Daniel Zager. Fort Wayne, IN: Concordia Theological Seminary Press, 2006. pp. 123-136.

Scott, Ernest Findlay. *The Literature of the New Testament*. New York: Columbia University Press, 1957.

Sessions, Kyle C. "The Sources of Luther's Hymns and the Spread of the Reformation." *The Lutheran Quarterly*. Vol. III, No, 3 (August, 1965): pp. 206-223.

Shenk, Wilbert R. "Mission Strategies." James M. Phillips & Robert T. Coote ed., *Toward the 21st Century in Christian Mission*. Grand Rapids, Michigan: William B. Eerdmans Publishing Company, 1998.

Shippen, Katherine B. & Seidlova, Anca. *The Heritage of Music*. New York: The Viking Press, 1963

Smend, Friedrich. "Luther and Bach." *The Lutheran Quarterly*. Vol.1, No. 4, (November 1949): p. 410.

Spaulding, Mark. *The Heartbeat of The Dragon: The Occult Roots Of Rock & Roll. Sterling Heights*, Michigan: Light Warrior Press, 1992.

Stendahl, Krister. *Paul Among Jews and Gentiles and Other Essays*. Philadelphia: Fortress, 1976.

Stiller, G. *Johann Sebastian Bach and Liturgical Life in Leipzig*, trans. Herbert J. A. Bouman, Daniel F. Poellot, and Hilton C. Oswald. St. Louis: Concordia Publishing House, 1984.

St-Onge, Charles P. "Music, Worship, and Martin Luther." *LOGIA: A Journal of Lutheran Theology*. Vol. XIII, No. 2, (2004): p. 39.

Stump, Joseph. *An Explanation of Luther's Small Catechism*. BiblioBazzar, 2006.

Susan, David J. "Some Parallel Emphases Between Luther's Theology and His Thought about Music, and Their Contemporary Significance." *Concordia Journal*. Vol. 11, No. 1 (February 1985): pp. 10-14

Thompson, John J. *Raised By Wolves: the Story of Christian Rock & Roll*. Toronto, Ontario: ECW Press, 2000.

Tienou, Tite. "Forming Indigenous Theologies." James M. Phillips &

Robert T. Coote ed., *Toward the 21st Century in Christian Mission*. Grand Rapids, Michigan: William B. Eerdmans Publishing Company, 1998.

Tippett, Alan R. *Introduction to Missiology*. Pasadena, CA: WilliamCarey Library, 1987.

Turabian, Kate L. *A Manual for Writers of Term Papers, These, and Dissertation*. 5th ed. Revised and Expanded by Bonnie Birtwistle Honigsblum. Chicago, Ill: University of Chicago Press, 1987.

Utomo, Yunatan Krisno. "A Study of Music in Mission: The Role of Musical Forms in Relation to Mission Practice in Semarang Indonesia." Th. M. Diss., Presbyterian College and Theological Seminary, 2009.

Vicedom, Georg F. *The Mission of God*, Gilbert A. Thiele and Dennis Hilgendorf trans. Saint Louis: Concordia Theological House, 1965.

Voelz, James W. *What Does This Mean?: Principles of Biblical Interpretation in the Postmodern World*, 2nd Ed. St. Louis: Concordia Publication House, 1977.

Wainwright, Geoffrey. "Christian Worship and Western Culture." *Studia Liturgica*. Vol. 12 (1977): pp. 20-33.

_____. *Doxology: The Praise of God in Worship, Doctrine, and Life*. New York: Oxford University Press, 1980.

Warneck, Gustav. *Outline of a History of Protestant Mission*, ed., George Roberson, trans, J. Mitchell and C. Macleroy. Edinburgh: Morrison & Gibbs, 1901.

Webber, Robert E. *Worship: Old & New*. Grand Rapids, Michigan:

Zondervan Publishing House, 1982.

_____. *Worship is A Verb*. Waco, Texas: Word Books Publisher, 1985.

_____. *Planning Blended Worship*. Nashville: Abingdon Press, 1988.

Weldon Johnson, James. *God's Trombones*. New York: Viking Press, 1927.

Wellesz, Egon. "Early Christian Music." 2, in *The New Oxford History of Music*, Vol. II, ed., Dom Anselm Hughes. London: Oxford University Press, 1954.

Whiteman, Darrell L. "The Function of Appropriate Contextualization in Mission." in *Appropriate Christianity*, ed. Kraft, Charles H. Pasadena, California: William Carey Library, 2005.

Wilson, Derek. *Out of Storm: The Life and Legacey of Martin Luther*. New York: St. Martin's Press, 2007.

Willin, Melvyn J. *Music, Witchcraft and the Paranormal*. St. Thomas: Melrose Press, 2005.

Wren, Brian. *Praying Twice: The Music and Words of Congregational Song*. Louisville, London: Westminster John Knox Press, 2000.

Yardley, Anne Bagnall. "Teaching Music in the Seminary." *Teaching Theology & Religion*. Vol. 6, No. 3 (July, 2003): pp. 169-175.

Zager, Daniel. "Music for the Lutheran Liturgy: Johannes Sapngenberg's *Cantiones ecclesiasticae/Kirchengesenge Deudsche* (1545)." *This is the Feast: A Festschrift for Richard Hillert at 80*. St. Louis: Morning

Star, 2004.

_____. "Luther and Bach: Theologians in Word and Music." in *Luther on Liturgy and Hymns*, ed., Daniel Zager. Fort Wayne, IN: Concordia Theological Seminary Press, 2006.

국내문헌

강명신. 「Martin Luther의 Chorale이 교회음악에 끼친 영향」. 미간행 석사학위논문. 연세대학교, 1991.
강석형. "프로테스탄트의 선교역사." 한국선교신학회 엮음. 『선교학 개론』. 서울: 대한기독교서회, 2001.
김병삼. "열린예배 논쟁." 『기독교사상』 제491호 (1999.11): pp. 201-214.
김세광. "예배에서 현대 문화매체의 수용과 한계." 대한예수교장로회총회사업부 편. 『21세기의 도전과 문화선교』. 서울: 한국장로교출판사, 2000.
_____. 『예배와 현대 문화: 멀티미디어, CCM, 영화, 언어』. 서울: 대한기독교서회, 2005.
김영동. "상황화의 역사적 배경과 이론에 대한 신학적 고찰." 서정운 명예총장 은퇴 기념 출판위원회. 『하나님 나라와 선교』. 서울: 대한기독교서회, 2001.
김이호. "찬송가의 형성 과정." 한국찬송가위원회. 『예배와 찬송』. 서울: 비전사, 2009: pp. 24-29.
김진기. "현대예배의 동향." 『월간 Preaching』 Vol. 21, (2006.1): pp. 86-87.

김철륜. 『敎會音樂論』. 서울: 호산나음악사, 1990.

곽숭기. 「전통적인 장로교회 안에서의 예배 갱신에 관한 연구: 서울 영 락 교회 젊은이 예배를 중심으로」. 미간행 목회학박사 학위논문. Fuller Theological Seminary, 2006.

노주하. 『음악과 신학』. 서울: 요단출판사, 1997.

류창현. 『포스트모던 사회와 교회』. 서울: 프리칭아카데미, 2006.

문성모. "한국 찬송가의 역사." 『민족음악과 예배』. 서울: 도서출판 한들, 1995.

_____. "마틴 루터의 예배음악에 대한 신학적 이해". 『민족음악과 예배』 개정증보판. 서울: 도서출판 한들, 1997.

민은기 외 3명 공저. 『서양음악의 이해』. 서울: 예솔, 2000.

민호기. "전 세대에 부합하는 자발적 예배로의 회복." 『월간 목회』. 제354호 (2006,2): pp. 75-83.

박원빈. 『레비나스와 기독교』. 서울: 쿡코리아, 2010.

석정화. 「CCM의 성격과 그 수용에 관한 고찰: 청소년에 미치는 영향에 대한 연구」 미간행 신학석사학위논문. 경희대학교 교육대학원, 1988.

석훈. 『알고 부르면 은혜로운 찬송가』. 서울: 예영커뮤니케이션, 2011.

오윤선. 『청소년! 이젠 이해할 수 있다』. 서울: 예영 B&P, 2008.

李桂俊. "교회음악의 갱신." 『韓國敎會와 하나님의 宣敎』. 서울: 展望社, 1981), p. 226.

李萬烈. 『韓國基督敎文化運動史』. 서울: 大韓基督敎出版社, 1987.

이용원. 『성탄이야기』. 서울: 홍림, 2011.

이유선. 『韓國洋樂百年史』. 서울: 중앙대학교출판국, 1976.

이중태. 『韓國敎會音樂史』〈改新敎篇〉. 서울: 예찬사, 1992.

_____. 『찬송가 탄생의 비밀』. 서울: 도서출판 선미디어, 2007.

이충범. 『노래로 듣는 설교』. 서울: 대한기독교서회, 2011.

임태현. 『설교의 설득력 커뮤니케이션에 있다』. 서울: 프리칭아카데미, 2005.

오픈해설찬송가 편찬위원회 편. 『Open 해설찬송가』. 서울: 아가페 출판사, 1991.

정기락. "마르틴 루터의 민족교회음악." 『음악과 민족』 제6호 (1993): p. 243.

정성욱. 『개혁 & 개혁』. 서울: 부흥과 개혁사, 1999.

정승훈. 『종교개혁과 21세기』. 서울: 대한기독교서회, 2001.

정인교. 『정보화 시대 목회자를 위한 설교 살리기』. 서울: 생명의 말씀사, 2000.

_____. 『청중의 눈과 귀를 열어주는 특수설교』. 서울: 두란노아카데정장복. 『예배학 개론』. 서울: 종로서적, 1985.

_____. 『설교사역론』. 서울: 대한기독교서회, 1990.

_____. 『예배의 신학』. 서울: 장로회신학대학교출판부, 1999.

_____. 『그것은 이것입니다』. 서울: 예배와 설교 아카데미, 1999.

정지현. 「종교 개혁적 시각으로 본 한국교회 CCM에 관한 연구」. 미간행 박사학위논문. 백석대학교 기독교전문대학원, 2010.

정책개발위원회. 『21세기 교단발전을 위한 정책제안서(안)』. 1997.

정홍호. "문화와 상황화." 한국복음주의 선교신학회 엮음. 『선교를 위한 문화인류학』. 서울: 이레서원, 2001.

조숙자. "音樂과 宣敎." 『기독교사상』. 통권 251호 (1979, 5): pp. 156-164.

주승중. 『성경적 설교의 원리와 실제』. 서울: 예배와 설교 아카데미, 2006.

차종순. 『교회사』. 서울: 한국장로교출판사, 1992.

채수일. 『21세기 도전과 선교』. 서울: 대한기독교서회, 1998.

최혁. 『나의 찬송을 부르라』. 서울: 규장, 1994.

_____. 『오직 하나님께 경배하라』. 서울: 예영미디어, 1998.

_____. 『찬양리더』. 서울: 규장출판사, 1999.

송영. 『바흐를 좋아하세요?』. 서울: 바움, 2006.

한국찬송가위원회. 『예배와 찬송』. 서울: 비전사, 2009.

한승홍. 『표준논문작성법』 개정증보판. 서울: 장로회신학대학교출판부, 1982.

한승동. "성스러운 찬송가가 일제군가였다니…." 『한겨레신문』(2007.10. 8): pp. 25-30.

홍기영. 『인간의 문화와 하나님의 선교』. 서울: 대한기독교서회, 2000.

홍성욱. "신학적 상황화." 한국선교신학회 엮음. 『선교학 개론』. 서울: 대한기독교서회, 2001.

홍정수. "종교개혁과 오늘날 한국 교회음악." 『연세음악연구』 제4집 (1996): pp. 45-46.

_____. "찬송가의 생성과 마르틴 루터." 서정운 명예총장 은퇴 기념 출판위원회 편. 『하나님의 나라와 선교』. 서울: 대한기독교서회, 2001.

_____. "2000년대를 향한 장신대의 교회음악 교육." 『교회음악, 예배음악, 신자들의 찬양』. 서울: 장로회 신학대학교출판부, 2002.

황영헌. 『사탄의 선교전략』. 서울: 예영커뮤니케이션, 1998.

번역문헌

Anderson, Kenton C. *Choosing to Preach*. 이웅조 역. 『설교자의 선택』. 서울: 성서유니온선교회, 2008.

Baumann, J. Daniel. *An Introduction to Comtemporary Preaching*. 鄭長福 譯. 『現代說敎學入門』. 圖書出版, 良書閣, 1983.

Bohren, Rudolf. Predigtlehre. 朴根遠 譯. 『說敎學實踐論』. 서울: 大韓基督敎出版社, 1979.

Davies, J. G. *Worship and Mission*. 金昭暎, 洪哲華 共譯. 『禮拜와 宣敎』. 서울: 大韓基督敎書會, 1978.

Kraeuter, Tom. *Developing An Effective Worship Ministry*. 최병채 옮김. 『효과적인 찬양사역』. 서울: 예수전도단, 1995.

Martin Lloyd-Jones, D. *Preaching and Preachers*. 정근두 옮김. 『설교와 설교자』. 서울: 복 있는 사람, 2005.

Neve, J. L. *A History of Christian Thought*, 徐南同譯. 『基督敎敎理史』. 서울: 大韓基督敎書會, 1965.

Ringenbach, Reginald. *Gott Ist Musik: Theologische Annaherung an Mozart*. 김문환 옮김. 『하나님은 음악이시다』. 서울: 예솔, 2006.

Willson, John F. *Introduction to Church Music*, 나운영 역. 『교회음악입문』. 서울: 대한기독교서회, 1980.

저자의 문헌

Kim, Chulwoong. "*The Impact of Contemporary Christian Music for Young Christians In Korea On Their Five Experiential Domains of Meaning.*" Ph. D. diss., Concordia Theological Seminary, 2007.

김철웅. 『추적! 마틴 루터도 CCM 사역자였는가?』. 서울: 예영커뮤니케이션, 2008.

_____. "진정한 CCM이란 무엇인가?" 『基督公報』. 제2557호 (2006.5): p. 26.

_____. "마틴루터도 CCM 사역자였는가?" 『基督公報』. 제2562호 (2006.6.10): p. 10.

_____. "CCM에 대한 고정관념을 깨라." 『월간 목회』. (2006. 7): pp. 135-143.

_____. "음악목회의 신학적 모델: 마틴 루터: adiaphora와 diaphora를 중심으로…." 『월간 기독교 사상』. (2006.10): pp. 223-237.

_____. "존 칼빈(John Calvin)도 CCM 사역자였는가?" 『서울장신학보』, 제170호. (2006. 10): p. 5.

_____. "올바른 평신도 사역의 실천적 개념: Followership(추종자론)." 『월간 신앙세계』. 통권 465호. (2007.4), pp. 52-57.

_____. "진정한 CCM의 5가지 조건." 『The Korean Christian Herald』 (2007. 5. 15), p. 16.

_____. "쯔빙글리도 CCM 사역자인가?" 『The Korean Christian Herald』. (2007. 7. 26): p. 11.

_____. "사도 바울의 찬양론." 『월간 신앙세계』 통권 468호

(2007. 7): pp. 48-50.

_____. "삼위일체 하나님의 찬양." 『The Korean Christian Herald』 (2007. 8. 28), p. 16.

_____. "종교개혁의 관점에서 바라본 CCM." 『월간 신앙세계』 통권 471호 (2007. 10): pp. 52-57.

_____. "설교자와 찬양인도자." 『월간 신앙세계』 통권 472호 (2007. 11): pp. 54-56.

_____. 『추적! 사도 바울의 16년』. 서울: 쿰란출판사, 2007.

_____. "2008년! 13개 바울서신 통독법의 새 방향." 『월간 신앙세계』 통권 474호 (2008, 1): pp. 47-49.

_____. "칼빈의 5대 강령을 통해 본 선교신학," 세계선교연구원 엮음. 『선교와 신학』 제21집 (서울: 장로회신학대학교출판부, 2008), pp. 164-191.

수업내용

과목: *Mission Communication: Language and Meaning*
학교: Concordia Theological Seminary (Fort Wayne, IN U.S.A)
교수: Eugene W. Bunkowske
기간: 2004년 3월-5월

과목: *Music in Evangelism*
학교: Concordia Theological Seminary (Fort Wayne, IN U.S.A)

교수: Gregory. Klotz
기간: 2004년 9월-12월

과목: *Reformation in Missiological Perspective*
학교: Concordia Theological Seminary (Fort Wayne, IN U.S.A)
교수: MacKenzie Cameron.
기간: 2006년 9월-12월 (특별히 10월 17일, 19일의 강의 내용)

과목: *Justification and Sanctification in Missiological Perspective*
학교: Concordia Theological Seminary (Fort Wayne, IN U.S.A)
교수: Deltev Schulz, K.
기간: 2007년 3월-5월

기타자료

《그리스도 신문》, 일천구벽일년, 오월 초이일, p. 142.
"심장의 기억", 『SBS 스페셜』, 251회(2011.6.19)
http://www.earlymusicguild.org/emg/contrafacta.html(2007.1.25)
http://www.hani.co.kr/arti/culture/music/241228.html(2007.10.21)
http://en.wikipedia.org/wiki/Chorale dsds(2007.12)